ちくま新書

グローバリゼーション
——移動から現代を読みとく

伊豫谷登士翁
Iyotani Toshio

1622

グローバリゼーション――移動から現代を読みとく【目次】

第Ⅱ部　移動とは何か

まえがき

二〇一九年末から始まった新型コロナウィルス感染症（Covid-19）の世界的な拡大は、人々の移動を制限し、社会生活に大きな影響を及ぼしています。「コロナ禍」というのは、たんに新型感染症の世界的な流行という公衆衛生上の事態のみならず、それが政治や経済、さらには社会や人々の関係などに与える影響を総称したものだと言ってよいでしょう。

コロナ禍の拡がりは、現代という時代が直面するさまざまな問題を浮き彫りにしています。モノやカネや情報とともに人の国境を越える移動を「グローバリゼーション」と呼ぶとすれば、世界各地で行われた都市のロックダウンや国境閉鎖などに象徴されるような移動制限は、グローバリゼーションとは矛盾する動きでした。コロナ禍は、人の移動こそが社会的な営みの基盤であり、社会を創り上げる前提であったということを、逆説的なかたちで再確認させることになりました。移動制限は、たんにヒト・モノ・カネの移動を制約しただけでなく、さまざまな制度や機構などの構造変化を引き起こし、人々の生活様式から規範や価値観までも変えてきています。

本書では、新型コロナウィルス感染症の拡大によって移動が制約されているいまだからこそ、あえて「国境を越える移動とは何か」という問いを立ててみたいと思います。パンデミックがまたたく間に世界中を覆い、多くの国において人の移動が制約されるという事態を、誰が想像できたでしょうか。人の移動の自由を掲げてきた近代世界において、国家が人の移動をかくも容易に制限できると、誰が考えたでしょうか。

かくしてコロナ禍は、改めて「移動とは何か」という課題を私たちに突きつけることになりました。私たちは、移民や難民だけでなく、日常的に仕事や進学、結婚などによってさまざまな移動を経験しています。ですが、移動をめぐる研究のなかで、これらすべてが学問的関心の対象になってきたわけではありません。

それでは、人の移動というのはどのように研究されてきたのでしょうか。たとえば、メキシコとアメリカ、マレーシアとシンガポールの国境は、日々、国境を越えて移動する人々でごった返しています。これらは日常の仕事での移動であったとしても、移民の一例として移動研究の対象になってきました。それに対して、企業の海外赴任は通常「移民」の例としては取り上げられません。日本企業からニューヨークに派遣された夫とともに移動した妻は、夫と同様に現地の人々との接触機会は限られ、日常的な交友範囲も限定されている場合が多く、日本社会の延長線上にあると考えられるからです。移民についての研究は、異なる社会のあいだでの境界を越えた人の移動を対象としてきたのです。

とはいえ、これまでの移動研究においては、「移動とは何か」という問いや、移動という経験自体が等閑視されてきたように思えます。本書ではこうした問題意識をもとに、グローバリゼーションといわれる時代が直面している課題を、移動という観点から再考してみようと思います。


一九九〇年代のはじめから、時代を表す言葉として「グローバリゼーション」という語が使われ、都市をめぐる議論もこれまでのような国民経済の発展物語ではなく、それが世界経済のなかで占める位置といった視点から論じられるようになりました。私は『変貌する世界都市』（一九九三年）以後、人の移動に注目しつつ、グローバリゼーションとはいかなる時代であるかを取り上げてきました。

その後、そしてコロナ禍のいま、世界は大きな転換期にあり、グローバリゼーションと人の移動にかかわる研究も、その衝撃を大きく受けています。本書は、『グローバリゼーションと移民』（二〇〇一年）と『グローバリゼーションとは何か』（二〇〇二年）以降に、いろいろなところで書いたものから、広く読まれることを意識して選択し、いまという時代から大幅に書き改めたものです。

本書全体は三つの部に分けられます。第Ⅰ部は、「いまという時代」をどのように考えるのかということであり、グローバリゼーションの時代としての現代について取り上げます。グローバリゼーションは、さまざまな事象の集積であり、あれもこれもグローバリゼーションだと論じられてきました。当初グローバリゼーションは経済的な事象だと考えられてきましたが、現在ではそれだけでなく、もともとナショナルなものと言われてきた、政治や文化、さらには社会についても、グローバリゼーションという観点から取り上げられるようになっています。ただし、本書ではそうした諸事象を逐一取り上げるのではなく、あくまで「いま」という時代を理解するための分析方法として、グローバリゼーションという視点を用います。

第Ⅱ部は、グローバリゼーションと呼ばれる時代の人の移動をどのように捉えるかをめぐるものであり、「移民」と言われてきたものを再考する試みです。グローバリゼーションに関する研究領域は膨大ですが、その糸口であり鍵となる人の「移動」について考えていこうと思います。ここで重要になるのが、これまでの移民研究が実際には移民政策研究であり、移民それ自体を研究対象にしてこなかったことが、現在の移民研究のゆがみを引き起こしているのではないか、そのことが移民や難民問題の解決策なるものを混乱に陥れてきたのではないか、という視点です。

第Ⅲ部は、人の移動が創り出す「場」の問題を扱います。移民や難民と言われる人たち、また観光やビジネス、留学などでさまざまな地域から人が集まる場所、こうした移動と場所の問題は、現在の移動が制約されている時期を経て、どのように変貌していくでしょうか。また、「多文化主義」や「多文化共生」という言葉で語られてきたものを、いまどのように考えるべきでしょうか。人の移動は国家のあり方をどう組み替えていくでしょうか。

　ここでは、グローバリゼーションの時代における移動と場所の問題を、人々のコミュニティ願望とのかかわりから考えてみたいと思います。

新型コロナウィルスの爆発的な流行は、一方では世界をかつてのような領域的な主権国家体制へ逆戻りさせつつあるようにみえながらも、他方ではもはやどこの地域も、他とは分離して存在することが不可能であることを示しています。新型コロナウィルス感染症の拡がりは、世界中の人々がお互いの存在を無視することができず、グローバルなものに組み込まれていることを認識させてきました。二〇二〇年は、戦後体制を支えてきた知の枠組みの転機であるとともに、近代と言われた時代の大きな転換期となるような予感がしています。本書がそのような転換点を考える契機になれば幸いです。

二〇二一年盛夏

序章　移動という経験

†国境のもつ意味

「まえがき」でも述べたように、コロナ禍のなかで国家によって課せられた厳しい移動制限は、私たちの社会に深刻な影響を与えています。このことは今日の世界がいかに移動というものに基礎づけられてきたかを明らかにするとともに、近代社会や国民国家にとって移動とは何であったかという問いを喚起します。ここでは越境移動全般ではなく、まずは国境を越える移動にかぎって取り上げることにしようと思います。

国境という境界を越える移動に限定する理由は、なによりも移動制限が国家という権力装置と深くかかわるからです。移動を制限できるのは国家権力であり、それがもっとも顕著に現れるのは出入国管理の法的な制度であり、空港や陸海上の国境、そして国境線において繰り広げられる出来事です。国境を越える移動の制限は、移民・難民問題と言われてきた、欧米諸国が抱えるもっとも深刻な課題を浮き彫りにします。それだけでなく、国境という境界から考えることによって、コロナ禍後の時代における人の移動がどのように展開するのか、その方向性を展望することができるかもしれません。

人々を一定の地域や土地に結びつけてきたとされる前近代に対して、近代は、一方では移動の自由を掲げつつ、他方で国境での移動の管理を強めてきました。しかしいま、新型コロナウィルスによる感染症の拡大によって、世界のいたるところで、人々の移動が著しく制限されています。人々は、家（ホーム）や地域（コミュニティ）、都市や行政区、そして国境というさまざまな境界線によって分割され、日常生活から移民や難民と呼ばれる国境を越える移動まで、いろいろな制約を受けています。

移動が制約されたことによって、グローバリゼーションの過程で拡大してきた格差やこれまで見えなかった境界（ボーダー）が、世界のあらゆる場所で現れてきました。移動全般が多くの制約を受け、政治や経済だけでなく、文化や社会といった領域でも劇的な変化が引き起こされています。そうしたさまざまな移動のなかで、国境を越える移動は、国民と他者との差異を明確にし、さらには国家と国民との関係をも変えてきているように思われます。

†主権行為としての出入国管理

出入国の管理は近代国家の主権行為とみなされ、国家によって制限されてきました。日本国憲法にも謳われているように、国民の国外への脱出の自由は認めながらも（日本国憲法第二二条第二項、「何人も、外国に移住し、又は国籍を離脱する自由を侵されない」）、外国人の入国に関する国家介入についての制限には、憲法上の規定はありません。さらに国境における出入国管理と国籍取得は、アメリカのような移民国は別として、基本的には異なる法体系のもとで運用されてきました。そして国境管理の仕方は、ビザという制度にみられるように歴史的に変化し、各々の国家の対外的な政策を表してきたと言えるでしょう。貿易や資本の移動の自由とは異なり、人の移動の管理は、いつの時代においても、国家の重要な政策となり、大きく制限されてきたのです。

しばしば移民について、「われわれが求めたのは労働力だったが、来たのは人間だった」という表現が使われます。人は労働力であるだけでなく、家族を形成します。また、病気やけがもしますし、年齢を重ねます。必要なときにだけ移民を受け入れるという政策は、たとえば旧西ドイツのガストアルバイター政策のようにうまくいきません。

しかしながら、じつは難民問題や移民問題など人の移動にかかわるさまざまな問題が政治の根幹にかかわる重大な問題となったのは、それほど昔のことではありません。のちに詳しく述べますが、国家による国民の移動の厳格な管理は、二度の世界大戦の総動員体制期において、パスポートや国境警備などを通じて制度化されてきました。この時期に外国人は国民と厳格に区別され、ナショナルな意識の高揚が図られたのです。さらにあるべき国民像が掲げられ、性的マイノリティやロマと呼ばれた人々を含めて、ホロコーストのような人類史上最悪の大量殺戮が引き起こされました。第二次世界大戦後はその反省から、多くの国では、他者である外国人に対する人権を保障し、移動の自由を次第に緩めてきたと言えるでしょう。

しかしいま、国家による国境を越える移動の制限が著しく強化されてきています。移民や難民と呼ばれる人々だけではなく、国境を越えるモノ・カネ・コト（情報）などにかかわる諸国家の政策が今後どのようになるのか、予測はできません。現在の状況変化は、コロナ禍後の世界のあり方を考えるうえで決定的な意味を持つでしょう。

†本書の課題設定

本書では、次のように課題を設定します。まず第一は、国境を越える移動と国民国家とのかかわりがどのように変化してきたのか、という点です。近代社会は移動の自由を高らかに掲げつつも、同時に国境を越える移動を制限し、特別視してきました。歴史的には、国家が国民の海外流出を制限した大きな理由は、軍の形成と財政の確保だったでしょう。しかしながら、国境を越える移動に対する制限が、移動の自由を掲げた近代世界において特別な意味を持った理由は、今回のコロナ禍を契機に大きく変化しつつあるのではないでしょうか。

第二は、政治がつねに理想と現実との相克であるように、人権や民主主義という戦後世界体制のなかで掲げられてきた基本理念と、移民や難民の激増に対して欧米諸国で台頭した政治的不安が招く軋轢《あつれき》の現実とが対抗しているという課題です。グローバリゼーションの過程で格差が拡大し、グローバリゼーション批判の標的が移民や難民へと向かっています。国際的な理念として人の移動の自由が多くの国において承認されながらも、他方ではグローバル化の過程での格差の拡大とコロナ禍に直面して、ナショナリズムを掲げる政治が急速に台頭しています。

第三は、いまという時代を、歴史を通じてどのように考えるのか、ということにあります。近代の基本的な理念であった自由と平等、第二次世界大戦後の人権規範と民主主義という理念、これらの理念はしばしば現実とは大きく乖離《かいり》してきました。西欧諸国がいかに自由を掲げて社会主義諸国を批判したとしても、その内部にレイシズム（人種差別）は根強く残ってきました。いま国境が規制され、コロナワクチンをめぐる国家間対立が跋扈《ばっこ》するなかで、移民や難民にかかわる課題は大きく転換しつつあります。

国境を越える移動と国民国家とのかかわりと言っても、必ずしも移民研究や難民研究といわれる問題だけを想定しているわけではありません。ここで問われるべきなのは、一定の領土とそこに住む人々を一体的に捉える国家制度のあり方、そして知の枠組みであり、主権国家や国民経済といったものの集合体として捉えられてきた近代世界のあり方と移動とのかかわりです。これらについては、のちほど詳しく取り上げます。

†グローバリゼーションの時代

ここで、いまという時代をどのように考えるのかに関して、触れておきます。さしあたり、いまという時代を「グローバリゼーション」という語で表現しておきたいと思います。言い換えれば、歴史としての〈いま〉を表す言葉としてグローバリゼーションを考えるということです。

このような観点からグローバリゼーションを捉えたとき、その起点はどこに置かれるでしょうか。グローバリゼーションをめぐる時期区分は、論者によってさまざまであり、人類史の始まりから近代への移行期、そして一九六〇、七〇年代の巨大企業の時代、冷戦体制の崩壊等々が挙げられます。これらの時期設定の相違は、グローバリゼーションとしてどのような課題を考えるかという方向性の違いによるものであり、どれかが正しいということではありません。ここではとりあえず、多国籍企業と呼ばれる巨大企業による経済的な統合化が著しく進んだ時代として、そしていまという時代と直接つながる時期として、一九六〇、七〇年代を大きな転換期と考えておきましょう。

グローバリゼーションという語が頻繁に使われるようになったこの半世紀あまりのあいだに、世界経済は大きく変容しました。一九六〇年代以降の世界経済編成を主導したのは、欧米諸国にある製造業の巨大多国籍企業でした。しかし一九八〇、九〇年代以降には、これまでの巨大銀行とは異なる新たな金融資本が台頭し、それが支配する膨大な国際過剰資本によって、世界経済は大きく組み替えられてきました。さらに二一世紀に入って、デジタル・インフォメーション・テクノロジーの展開によって、膨大な情報が国境を越える世界を生み出し、新しい技術革新が急速に進みました。グローバリゼーションといわれる時代は、これまで以上に劇的な変動の時代でした。

さらにグローバリゼーションと呼ばれてきたさまざまな動きは、他方では、世界的な格差の拡大によって、多くの国での「バックラッシュ」と呼ばれる保守の台頭、ナショナリズムの揺り戻し、そして周知のように、アメリカのトランプ前大統領の出現やイギリスの

EU離脱（ブレグジット）、さらには中国の台頭などにみられるような戦後の国際政治体制の激変をもたらすことになりました。

†コロナ禍と移動の自由

二〇二〇年は、世界中が新型コロナウィルスの拡大によって攪乱《かくらん》された年であり、近代世界の大きな転換点として記憶されるでしょう。中国の武漢から始まったとされる新たな感染症は、もっとも衛生的で医療も発達していると自認してきた欧米先進諸国へとまたたく間に拡がり、さらにロシア、インドやブラジルといった多くの人口を抱える国々へ、そして東南アジアからアフリカ諸国をも巻き込んで拡大していきました。ウィルスという見えない存在への恐怖と不安が世界中に蔓延し、増え続ける感染者はもはや個々の国家レベルの政策では対応不可能と思われる水準に達しています。

歴史的にはこれまでも、感染症の拡大によって一定の地域が閉鎖され、あるいは隔離されることはありました。人類の歴史は感染症の歴史でもあり、中世から近代への移行が、ペストの大流行によってもたらされたのは有名な話です。

しかしいま世界で起こっている新型コロナウィルスによる感染症の拡大は、これまでとは様相が異なっているようにも思われます。すなわち、今回のパンデミックは、膨大な情報が世界中で共有される情報化社会において起こっていること、国家間の政策的な対応の差異が注目されてきたこと、そして都市や国境などの境界の閉鎖による移動制限が、多くの人々の一定の共感と合意にもとづいてなされたという点です（美馬達哉『感染症社会』）。

日々、世界中の感染者数が公表されるとともに、国家間だけではなく、都市などの地域間の移動記録が把握され、数値化されて公表されます。携帯の位置情報（GPS）は、人々の移動経路の追跡を可能にしてきました。都市封鎖などの政策を実行する情報として、人々の位置情報は人口の集積度を測る手段を提供し、人々の集まりを管理する政策手段の一部となっています。通信技術の発展は感染ルートの追跡だけでなく、感染者の管理にも使われます。国によっては、個々人の移動データが厳しく管理されて、感染可能性のある人々の検査が実施されることになります。

新たな通信技術を用いた個人管理のシステムによって、欧米諸国だけでなく発展途上国と呼ばれる国々を含めて、各国での感染の拡がりは瞬時に世界全体で把握されるようになりました。感染症の拡がりに対する各国の政策対応は必ずしも同じではないものの、概して多くの人々が移動の制限という政策を、好意的に受容してきました。

これまで、いわゆる「監視社会」が厳しく批判されてきたにもかかわらず、国家による移動の制限が、かくも迅速に、しかも容易に行われるとは、誰も想像していませんでした。

2020年3月、封鎖されたフランス・ドイツ国境（フランス・カルラン）（AFP＝時事）

二〇一九年末における武漢での発症報告は、当初は中国政府による隠蔽があったとはいえ（方方『武漢日記』）、即座に、多くの国で中国からの入国者制限を引き起こしました。さらに二〇二〇年二月の北イタリアでの感染者の増加は、翌三月には、フランス、そしてドイツなどEU諸国内での国境閉鎖をもたらしました。

このEU諸国における国境封鎖は衝撃的でした。EUは、国民国家間関係という近代の世界政治に代わる新しい枠組みであり、移動の自由はEU統合の象徴でした。しかしながら、半世紀以上にわたって着実に進められてきた統一ヨーロッパの国境が、瞬時に閉鎖されたのです。EU内の移動の自由には、たんに経済活動の必要だけではなく、悲惨な戦争を引き起こした二度の世界大戦への反省の意味があります。それだけに、その境界が短期間とはいえ復活したことの衝撃は大きかったのです。二〇二〇年三月以降の各国の国境閉鎖は、歴史上、類を見ない規模で実施されました。こうして、二度にわたる悲惨な世界戦争を繰り返さないというEUの統合理念は、たとえ一時的であれ、揺らぐことになったのです（ただしその後、感染者のケアやワクチンなどにおいて、ＥＵ諸国内の協力体制が創り出されたこともつけ加えておきます）。

†コロナ禍はナショナリズムを加速させるか

移動制限によって、ナショナリズムはますます激しくなるのでしょうか。国家間の対立は激化するのでしょうか。グローバリゼーションの時代は、国境を越えるさまざまな動きの拡大ではありますが、その素地には冷戦などの政治、ＩＭＦ・ＧＡＴＴなどの経済、そしてさまざまな国際協定によって築かれたルールにもとづく「戦後体制」と呼ばれてきたシステムがあります。グローバリゼーション自体は戦後体制からの転換を示すにせよ、それでもその土台にあるのは自由や平等を掲げて創り上げてきた人権や民主主義などの近代的な理念なのです。そうである以上、いかにナショナリズムが台頭したとしても、そして移民や難民への排斥運動が激化し、国民と他者とが分裂して差別が拡大したとしても、第二次世界大戦後に築き上げてきた人権思想の基本的な理念そのものが失われ、相互依存の世界が崩壊したり、越境する移動が停止されるようなことは起こりえないでしょう。

難民だけでなく、移民やそのほかの越境する人の移動を含めて、国境を越える人の移動は、グローバリゼーションが生み出した差異や格差に対する反応であり、抵抗でもあります。いまや先進国と発展途上国とを問わず、あらゆる国が国境を越える人の移動を抜きにしては成り立たなくなってきており、国境を長期にわたって閉鎖することはありえない時代に生きています。国境が封鎖され、移動が制約されているいまこそ、個々の国家は人種差別や他者の排除の底流にある格差の拡大にどのように立ち向かえるのかを考える機会ではないでしょうか。

†移民を定義する意味

つぎに人の移動とは何かについて、いくつか論点を指摘しておきましょう。

まず人の移動を広く「移民」という語で表現するとします。この言葉から何を思い浮かべるでしょうか。「まえがき」でも述べたように、私たちは日々移動しています。ですが、そのすべてが「移民」と呼ばれるわけではなく、また移民研究の対象であったわけでもありません。通勤や旅行、婚姻や進学、あるいは転職や転勤なども、通常は移民研究の対象には含まれません。移動研究・モビリティ研究の代表的な論者の一人であるジョン・アーリの関心の出発点は観光でした(『観光のまなざし』)。また、グローバリゼーション研究で有名なローランド・ロバートソン(『グローバリゼーション』)は、代表的な事例として日本企業の海外活動を取り上げています。

日本に来ている外国人たちの目的も多様であり、移民かそうでないかを区別できないことが多々あります。少なくとも、必ずしも当事者は自分が移民であると考えているわけではありません。観光で日本に来て、数年働きながら暮らしている人もいます。言うまでもなく、これは入国管理法でいうところの資格外活動ですが、彼ら・彼女らに、そうした意識はあまりありません。また、日本在住者との結婚、外国企業勤務者ならびにその家族の長期滞在も劇的に増えています。日本の大学への留学生は、卒業後に日本企業で働くことも多くあります。このように考えていくと、「移民とは誰か」とか移民を定義すること自体には、あまり意味がないことがわかります。それは入国時における手続きや資格として、受け入れ国がどのように分類するかに依存すると言ってよいでしょう。「移民」という言葉は、政策や研究者の必要に応じて分類するために用いられてきたものなのです。

†「移民」の多様性

では、研究対象となる人の移動とはどういったものでしょうか。越境する移動というのはきわめて曖昧なものですが、ここではひとまず「異なる社会間の境界を越えた移動」とゆるやかに捉えておきましょう。

境界は国家間だけにあるのではなく、越境移動は国境を越える移動には限定されません。

近代における越境移動のもっとも原初的な例としては、いわゆる近代化の過程として取り上げられる、農村社会から都市への移動を挙げることができます。その一つの典型的なモデルが「出稼ぎ」です。農繁期には村で必要最低限の農作物を生産する生存維持経済のなかで生活し、農閑期になると、現金を獲得するために市場経済が支配する都市へと出稼ぎに出るというものです。

出稼ぎモデルは、市場経済が農村にまで深く浸透したいまでも、発展途上国からの移民研究に適用されています。発展途上国では、出身地の家族あるいは村落共同体を維持するために出稼ぎに出かけている例は多いでしょう。しかしその目的は、家族の生存維持というよりは、子どもの教育や起業資金、家の建て替えなど多様化しつつあります。

出身地が故郷として残るとはいえ（成田龍一『「故郷」という物語』）、都市への移動が挙家離村を促し、都市化を拡大してきました。出稼ぎという物語は、アイデンティティを共有するための物語であり、時代的、歴史的な条件によってかなり相対的なものです。

人類は誕生以来、歴史的に大規模な移動を繰り返してきましたが、近代世界における人の移動はそれまでとは異なり、資本主義の世界的拡大と結びついた組織的、継続的な移動でした。そこでイメージされる「移民」は、時代によって、さらには各々の地域が置かれてきた状況の差異によって、きわめて多様です。

詳しくは第8章で取り上げますが、日本において「移民」という言葉から喚起されるものは、長らく日本から海外への流出であり、いわゆる「送出移民」でした。戦時期の代表的な移民は、満州移民や南洋移民など、帝国主義の発露、拡大として植民地に送り出された国策移民であり、第一回芥川賞を受賞した石川達三の小説『蒼氓《そうぼう》』で取り上げられたのはブラジル移民でした。第二次世界大戦後においても、長らく移民は、しばしば否定的な意味を込めて「棄民」といわれてきました。同時に、戦時期に日本へと流入してきた植民地からの移民労働者は、「在日」と一括されて、移民問題からは除外されてきました。他方で近年では、移民という言葉は——日本が「移民国」ではないということを主張するために、あえて政治的な観点からは避けられているものの——、アジアからの外国人労働者の流入をさして用いられるようになっています。

アメリカと移民研究

とりわけアメリカにおいて、移民とはなによりも一八世紀から一九世紀のヨーロッパからの移民であり、「新大陸」を開拓し、文明をもたらす「(入)移民(immigration)」でした。彼ら・彼女らは、西洋によって作られた国際法にもとづいて、誰も住んでいない(そして生産活動をしていない)「無主地」(テラ・ヌリウス)とみなした「新大陸」に繁栄と文明をもたらし、文明国家の礎を築いたと記憶されてきました。これがアメリカの建国神話を成しています。たとえ移民が侵略の歴史であったとしても、アメリカにとって「移民国」というのは、開拓者という国家理念の象徴だったのです。

しかしその後のアメリカにおいては、移民として誰を受け入れるのかということが重要な政策課題であり続けてきました。一九世紀にアメリカの産業化の急速な拡大に合わせて、移民の出身地構成は大きく変化します。そしてこの時期以降、これまでの入植者に代わって帰国する移民も増えていきますが、その最大の理由は、彼らがアメリカ社会に同化しなかったからではなく、大西洋を渡る船舶技術が向上したことによります。すなわち、より安価な運賃で、安全に大西洋を航海することが可能になり、そのことが多くのアメリカへの移民の流入と帰国者の増加につながったのです。

しかしながら一九世紀の後半には、西欧からの移民に対して東南欧からの移民が激増し、彼らへの差別意識が高揚します。彼らはアメリカに定住するのではなく、出稼ぎの一時的な移民であり、「新移民」として差別を受けました。第二次大戦後においては、中南米からのヒスパニック系、そしてアジアからの移民が、大きな争点となってきました。今日においても、大統領選挙での争点として必ず移民が浮上します。

移民についての研究がアメリカにおいて展開されたのは、こうした政治化したテーマとかかわるからです。ここで言えることは、移民にかかわる言説、そして移民をどのように捉えるかという観点、移民を定義することが、アメリカという国を表すこと、そしてアメリカ人とは誰かを定義することと深く結びついてきたということです。

後述するように、移民研究は当初から、移民政策研究として展開されてきました。すなわち移民研究とは、移民という現象そのものではなく、移民をいかに管理するかという観点から研究が進められたのです。そして国家による移民管理への対抗あるいは補完的な役割として、移民の権利や保護が問題とされてきました。誤解がないようにつけ加えておきますが、他者としての移民をどのように受け入れるかについての研究や、その人権をどのように保障するかということ、そして国連の標語に従うならば、「内外人平等の原則」をどのように担保するのかといったことがきわめて重要なのは言うまでもありません。

ある社会から別の社会への人の移動は、各々の社会のなかのさまざまな課題として取り上げられます。移民の送り出し社会と受け入れ社会の抱える課題は多様であり、さらに言えば、個々の家族や個人ごとに異なっています。いうなれば移民という事象は、それが問題だと意識されるところから生まれたものであり、移民研究が移民を生み出したとすら言えます。

†揺らぐ移民国家

しばしば移民については、「移民国」と「非移民国」とが区別されてきました。移民国とは、移民によって国家・国民が形成されてきた国であり、その代表的な例として挙げられるのは、アメリカ合衆国、カナダ、オーストラリア、ニュージーランドです（ただし移民国といいながらも、そこには先住者がいたことを忘れてはいけません）。さらに歴史的には、すべての国や地域が移民国と非移民国に分けられるわけではありません。大陸間だけでなく、大陸の域内でも膨大な移動がありました。ごくおおまかにイメージするとすれば、近代世界においては、市場経済の拡大に応じて、底流として農村社会が解体される過程で都市へと人口が流入し、さらに産業化を進める地域への域内ならびに世界的規模での大陸間の移動があったと捉えればよいでしょう。

移民にかかわる研究を主導してきたのはアメリカです。それは、アメリカが世界最大の移民受け入れ国であり、アメリカへの移民の流れが他地域の移民の流れに影響してきたからです。アメリカにとっては、つねに移民は政治的な課題であるとともに、産業化のもっとも重要な担い手であり、その結果として、雇用問題や地域コミュニティの形成などの社会問題とも密接にかかわってきました。

第二次世界大戦後、移民や難民などの人の移動は、多くの国で大きな問題となってきました。大戦直後の膨大な難民の発生と結びついた失業問題や社会不安、そして冷戦体制下での人の移動をめぐる緊張関係の過程で、悲惨な戦争を回避する方向が模索されてきました。そうした動きの一環として、人権思想の理念が浸透するなかで、移民に対する差別を批判し、多文化主義的な理念を掲げる国家が増えていきます。その代表的な国が、カナダとオーストラリアです。

私は一九九〇年代半ば、移民大国といわれるアメリカと、白豪主義から多文化主義へと転換したといわれてきたオーストラリアに留学する機会を得ました。当時のアメリカは、オクラホマシティ連邦政府ビル爆破事件が起こり、O・J・シンプソン事件が、連日テレビで報道された年でした。九〇年代初めにはロサンゼルス暴動があり、人種差別が大きな政治的、そして社会的問題として取り上げられていました。ニューヨークの街中を歩く場合も緊張を強いられ、危険な地区には行かないほうがよいなどと忠告されたりしました。一二月にロサンゼルスからシドニーへと向かい、オーストラリアに到着した際は、なんとものんびりした開放的な空気であったことを鮮明に覚えています。

同じ「白人国家」でありながらも、この差異は何に起因するのでしょうか。オーストラリアに比して当時のアメリカという国は、はるかに多様性に富んでいました。そのころカリフォルニアの大学では、アジア系学生の増加が問題となり、アファーマティブ・アクションが逆差別だという論調が現れてきていました。アメリカ社会の底流にある、白人主義の根深さを垣間見た思いでした。

そしていま、トランプ前大統領の下で出現した「アメリカ・ファースト」は、アメリカの世界経済における地盤沈下と政治的な覇権の衰退の裏返しであるとともに、アメリカ社会の底流にある白人国家という意識の表れであるように思われます。さらに言えば、近代という時代が創り上げた世界秩序が揺らぐなかで、そこからこぼれ落ちた人々の抵抗であるのかもしれません。グローバリゼーションがもたらしたものは、空前の経済格差です。その過程で起こったコロナ禍を、私たちはどう克服できるのでしょうか。これはたんに公衆衛生上の問題でもなければ、政治や経済だけの課題でもないのです。

第I部

グローバリゼーションの時代

2020年3月、ロックダウン下のニューヨーク(AFP=時事)

第1章 グローバリゼーションを学ぶ

1 グローバリゼーションとは何か

†国際化とグローバリゼーション

「グローバリゼーション」という言葉が日常用語として定着したのはいつごろのことでしょうか。日本では、エズラ・ヴォーゲルが『ジャパン・アズ・ナンバーワン』（一九七九年）を著した一九七〇、八〇年代には日本企業の海外進出が盛んに行われ、「国際化」という言葉が使われていました。その後、「グローバリゼーション」という語が広まりますが、このときは国際化とほぼ同義で用いられていました。しかしベルリンの壁の解体に象徴されるヨーロッパにおける冷戦体制の崩壊後は、しばしば「グローバリゼーションの時代」と呼ばれるようになります。これは「戦後世界体制」といわれてきたものからの転換を意味していました。

グローバリゼーションという語は、企業の宣伝文句やイベントのキャッチコピーとして使われただけではありません。多くの学問分野において、シンポジウムのテーマや雑誌の特集として取り上げられ、研究組織が設立されてきました。他方でこの言葉は、人を惑わすバズワードとして忌避されてもきました。八〇年代までの日本では、「国際化」という言葉が日本人や企業の海外進出についての肯定的な意味合いを込めて用いられてきたのに対して、バブルの崩壊とともに経済格差の拡大が深刻な問題として浮上した九〇年代の日本では「グローバリゼーション」という言葉は、「外圧」と同義的に、否定的な意味で使われることも多かったのです。

それではいま、「グローバリゼーションを学ぶ」ということは、何を意味するのでしょうか。この問いにはさまざまな回答があり、どれが正しいというものではありません。また、社会科学的な用語として用いられる「グローバリゼーション」と、政策的な民営化や規制緩和に示されるイデオロギー的な意味を持つ「グローバリズム」とは、とりあえず区別しておきたいと思います。本章では、まず最初に、グローバリゼーションという語で明らかにしようとしてきた三つの問題群を指摘しておきます。

†事象としてのグローバリゼーション

第一に、グローバリゼーションは、モノ、カネ、ヒト、そして情報（コト）などの国境を越える活動だけをさすわけではありません。それは、政治や法、文化や社会などの広範な領域において近年起こっている、国境を越える（トランスナショナルな）諸事象の急激な拡大と変化を表す言葉として流通してきました。とはいえ、それは「近代」と呼ばれてきた時代にもあったような越境的な出来事の単なる延長ではなく、さらに量的な変化でもありません。むしろいま起こっている変化は、時代を画する質的な転換と捉えられており、それがグローバリゼーションという言葉で表現されたのです。

グローバリゼーションを研究するとは、なによりもまず、経済だけでなく、政治や文化を含めた最近のトランスナショナルなさまざまな変化を一つ一つ明らかにすることであり、これらは、〈事象としてのグローバリゼーション〉と言うことができるでしょう。これら事象の一つ一つはきわめて複雑であり、それを明らかにするだけでも困難な仕事です。

さらに、それらの個々の事象どうしは一見何の関係もないように見えながらも、じつは相互に連関をもっています。たとえば、多国籍企業や金融の拡大といった経済の出来事は、発展途上国の都市化や移民や難民の急増と深く関連しています。政治や経済と、文化の拡がりや越境家族の増大とは密接に結びついているのです。これら諸事象は同時代的な出来事として拡がりをもって展開しているのであり、グローバリゼーションを理解するには、その同時代性をたえず念頭に置いておかなければなりません。

†方法としてのグローバリゼーション

グローバリゼーションを学ぶということは、これらさまざまな事象の質的な変化を捉えることだといいました。第二に、そのためにはこれまでの多様な学問分野を問いなおすことが求められます。学問の諸分野は近代において専門分化し、そして個々の分野は独自の体系を作り上げてきました。こうした個別の専門分野は、大学や学会などにおいて制度化され、社会的にも認知されています。しかし、いま起こっている諸変化を捉えるためには、これまでの専門化され、体系化され、そして制度化されてきた学問分野を越えるだけでなく、そうした学問のあり方自体を問いなおす必要が出てきます。それは、これまで欧米をモデルとして展開され、ナショナルな枠組みを暗黙の前提としてきた知の枠組みを問いなおす作業であり、〈方法としてのグローバリゼーション〉と言えるでしょう。

方法としてのグローバリゼーションは、既存の経済学や政治学といった長い歴史をもつ制度化された領域だけではなく、移民研究やジェンダー研究といった新しい研究領域にも当てはまります。そのうえでさらに、それらを横断するような枠組みが求められるのです。たとえば第Ⅱ部で取り上げるように、移民などの人の移動という問題領域をグローバリゼーションという方法から捉え返すときには、これまでの移民にかかわる研究の枠組みに収まりきらないような新しい課題を抱え込むことになります。グローバリゼーション研究は、これまでの諸研究がいかにナショナルな枠組みに無自覚のうちに囚われてきたのかを明らかにするのです。

†時代としてのグローバリゼーション

第三に、グローバリゼーションという語によって取り上げようとしている課題は、なによりも〈いま〉という時代の変化をどのように考えるかという点にあります。二〇一一年の福島第一原発での事故、そして二〇二〇年からの新型コロナウィルス感染症の世界的な拡大は、次々と新たな課題を私たちに突きつけています。個々の学問分野の展開を反省的に振り返る試みとして学史という分野がありますが（経済学史、社会学史など）、近年そうした学史への関心が高まってきたように思います。そこには、これまでの学問の展開をたどりなおすことによって、いまという時代を理解するための手がかりを探ろうという欲求があるのでしょう。

これまでの学問的な道具立てでは現代に起こっている出来事を十分に解明できないということは、現代という時代がこれまでの近代という時代の単なる延長線上にあるものとしては捉えきれないということを、したがって近代と現代とのあいだには断絶があるということを意味します。あるいは、たとえば国境線や国民のように、まさに近代社会が成り立つための前提と思われてきたことがグローバリゼーションの課題として問題化されていることを踏まえれば、近代がその出発点において抱え込んでいたさまざまな課題が、現代において噴出しているのだとみることもできるでしょう。すると、現代の課題について考えるためには、まずは近代といわれてきた時代の問いなおしから始めなければならないという認識に立つことができます。

二〇世紀を「大量殺戮の世界戦争」と「大量消費の豊かさ」の二つの極端な出来事の時代であったと表現したのは、歴史家のエリック・ホブズボームでした（『20世紀の歴史』）。この二つの大きな出来事は、西洋中心であった近代の世界観とともに、国家と社会とのかかわりを根底から変えてきました。

この変化は時代の新たな局面と捉えられ、社会学においてはこれまでの近代に代わる「第二の近代」などの新たな理論枠組みが模索され、都市論やエスニシティ研究、さらにはジェンダー研究などの新しい理論潮流を生み出してきました。これらの議論も依然として欧米諸国を対象としたものだという批判もありましたが、その射程は発展途上国や社会主義圏諸国にも及んでいたと考えられます。

しかし、そうした新しい理論潮流もまた、グローバリゼーションという課題に直面することになります。第二次世界大戦後の冷戦や南北問題を含めた世界編成を「戦後体制」と呼ぶとすれば、グローバリゼーションの時代とはまさに戦後体制の転換なのです。

戦後体制の時代に欧米諸国において消費社会が拡がり、それは人々の生活スタイルや価値観を大きく変え、個人化が進んだ時代とも言われてきました。さまざまな技術発展は、人々の移動の規模を拡大する一方で、国家による人々への管理は著しく拡大し、科学技術の発展は、環境をはじめとするリスクを高めてきています。これらの変化は、これまで先進国と言われてきた欧米諸国に留まるのではなく、境界を容易に越える拡がりをもってきています。

†グローバリゼーションから何を考えるか

近年のデジタル化の拡がり、インターネットの普及、そしてヒト・カネ・モノ・情報の膨大な移動によって、国家の境界をはみ出す社会領域が拡がってきています。そしてこの変化は、これまで考えられてきた社会の基本的な枠組みを大きく変えようとしています。

近代が抱えてきたすべての課題が、いまはグローバルな課題として現れざるを得ない時代になっているのです。

つまり〈時代としてのグローバリゼーション〉とは、このようなグローバリゼーションが進展した社会を歴史的にどう考えるのかということを意味します。アメリカの日本研究者キャロル・グラックは「歴史で考える」と言います。これは歴史との向かい方を念頭に置いたもので、グラックにとってそれは、〈歴史を〉考えるのではなく、〈歴史で〉考える（「ウィズ・ヒストリー」）というものでした。私たちは否応なくグローバリゼーションの時代に生きています。すると、そこで問うべきは「グローバリゼーションで考える」、すなわち「ウィズ・グローバリゼーション」であり、「グローバリゼーションの時代をよりよく生きるには何が必要か」を問うことであるはずです。

〈事象として〉〈方法として〉、そして〈歴史として〉という三つの問題関心は、相互に密接に関係するものですが、必ずしも自覚されてきたわけではありません。またすでに触れたように、グローバリゼーションがはらむ膨大な事象はそれぞれきわめて重要な研究テーマであり、既存の研究への批判的な取り組みを通じて、研究が進められています。批判的グローバリゼーション研究を掲げるリチャード・アペルバウムとウィリアム・ロビンソンは、グローバリゼーション研究の特徴として、(1)グローバリゼーション研究は、「国際」

を冠した多くの研究分野の単なる延長ではないこと、⑵たんにトランスナショナルな事象の具体的な展開を明らかにするのではなく、思想や哲学を含めた方法的な課題としてそれが現れてきていること、⑶グローバリゼーション研究は従来の専門分野を越えた研究課題であること、の三点を挙げています。以降では、「ナショナルなもの」を念頭において、主として「人の移動と場所」というテーマによりつつ、グローバリゼーションという研究が抱える課題の一つの側面を取り上げてみることにしましょう。

2　グローバルなものとナショナルなもの――対抗と共振

†「ナショナルなもの」とは何か

グローバリゼーションとしばしば対比的に捉えられるものに「ナショナルなもの」があります。「ナショナルなもの」というと、まず思い浮かぶのは「国民国家」ですが、それだけではなく自己完結的な経済としての「国民経済」、そして国民（ネイション）という単位やそのなかで共有されているとみなされる「国民文化」や「国民思想」といわれるものなどさまざまなものが含まれます。さらに経済や文化だけでなく、ネイションの基底をなす家族制や共同性、さらに規範や生活様式といったもの、ネイションを想起させる一連の思想や試みなども、ここでいう「ナショナルなもの」を構成しています。

近代国家は、一定の境界によって区切られた領域とそこに居住するとされる国民を単位とすることで、国家としての正統性を確保してきました。したがって「ナショナルなもの」というのは、しばしば近代国家の、そしてそれらが織り成す国際関係の基盤とみなされてきました。しかしながら、それぞれの国家はその出発点から、貿易や国際金融といった国際経済取引、環境汚染や民族間対立など、個別の国家だけでは処理しえない、国境を越える多くの問題を抱えています。グローバリゼーション研究という分野が大きな注目を浴びるようになったきっかけも、戦後体制の転換点と言われたベルリンの壁の崩壊でした。

しかしその後のいわば「ポスト戦後体制」の時代においても、それまでとは時代を画するような出来事が相次いでおり、国民国家や境界の揺らぎが言われるようになってから久しくなりました。人々の日常生活がおびやかされ、不安や恐怖に対処するものとして、一方では公共性やコミュニティが、そして他方ではEUなどの地域統合やTPP（環太平洋パートナーシップ）のような経済連携協定が議論されています。一方では国家的な単位が揺らぎながらも、他方では、たとえばアメリカ一国主義の台頭、シリア難民の激増と西欧諸国での反移民感情の高まりといったかたちで、ナショナリズムが高揚してきているようにみえます。特にコロナ禍の時代における国境閉鎖や移動制限、さらにはその後のワクチン輸出をめぐる国益の主張は、ナショナリズムの台頭を明るみに出す事態でした。

†ナショナリズムとの共振

グローバリゼーションとナショナリズムは相反する事象として対置され、しばしば対抗的に捉えられてきました。それは、グローバリゼーションとは国境を越えるさまざまな動きであり、それに対抗する政治や運動などがナショナリズムであると捉えるような考え方です。そこでは、グローバリゼーションの高揚はナショナリズムの衰退であり、ナショナリズムの高まりはグローバリゼーションの退潮だと考えられてきました。

しかしながら、こうした理解には問題があります。というのも、じつはこの両者は、決して相反する対抗的なものではなく、むしろ相補的なものだからです。グローバルなものとナショナルなものというのは、対立する概念ではありません。この両者の共振こそがグローバリゼーションを考える際の、もっとも基本的な課題なのです。

グローバリゼーションは、ナショナルな装置や機構を改変あるいは空洞化しながら、国家的な規模で組み替えています。そこでは、ナショナルなものが消失するわけではありません。あとで詳しく見ますが、EUにおける保護主義の恩恵をもっとも享受したのは、アメリカ多国籍企業のEU内の子会社でしたし、特許制度などにおいてはグローバル資本の活動や技術的な優位性は国際的な組織によって守られ、商慣習などが制度化されてきました。

GAFA（M）と総称される巨大情報産業が世界経済を左右する存在になりえたのは、デジタル化やIT化にかき立てられた先進諸国の保護や法的な措置があったからです。情報産業は、巨額の開発費の支援を国家から受けながら、そこで生じるリスクを国家に負担させてきました。そしていま、EUをはじめとする多くの国は、その規制に動き出しています。さらに、中国系の企業が世界経済を揺るがすまでに巨大化した背景には、改めて指摘するまでもなく中国政府の強力な支援があったのであり、既存のグローバルな秩序の隙間を利用しえたからにほかなりません。

グローバリストは、しばしばナショナリストでもあります。グローバリゼーションと言われながらも、近い将来に国民国家が消失すると考えている人は少数であり、むしろナショナルなものは再編され、部分的には強化されるだろうという見方が一般的です。ナショナリズムとグローバリゼーションとの共犯関係こそ、グローバリゼーションと呼ばれる時代を読み解く鍵となるわけです。

†グローバリゼーション批判の陥穽

そうしたなかで、政治的ならびに経済的な暴力が人々の生存をおびやかしており、グローバリゼーションへの対抗としてのナショナリズムが新しいかたちで現れてきているようにみえます。ナショナリズムはあたかもグローバリゼーションへの対抗であるかのように取り上げられがちですが、実際にはそうではありません。むしろそうしたナショナリズムと共振関係にあったのは民営化や規制緩和などのネオリベラリズムの政策体系の側であり、それはグローバリゼーションを推進する原動力でした。いまでもナショナリズムの旗のもとに、世界的な規模での法や制度の統合化が拡がり、それに準じた国内の法整備が進められています。

一方、グローバリゼーション批判においては、しばしばグローバリゼーション（あるいはグローバリズム）とネオリベラリズムはほぼ同列に論じられてきました。そしてナショナルな政策の必要性が擁護され、セーフティ・ネットの再構築が主張されてきました（デヴィッド・ハーヴェイ『資本の〈謎〉』『新自由主義』）。

しかしながら、グローバリゼーションを推進する思想としてグローバリズムを捉えるならば、それが右傾化や新保守主義と結びつく必然性はないことにも留意する必要があります。グローバリズムの暴力への対抗として、そして未曾有の格差に対抗する最後の砦として国家があるのは言うまでもありません。ですが、グローバリゼーションはしばしばナショナリズムを利用しながら浸透してきたのであり、反グローバリゼーションをナショナリズムと結びつけて主張するだけでは、グローバリゼーションが提起している問題を明らかにすることはできないでしょう。

†グローバルな基準の浸透

グローバリゼーションとナショナリズムの共犯関係というのは、さらに複雑なものです。そもそも近代世界は、相互に結びついたグローバルな世界として編成されながらも、ナショナルな領域へと分割されてきました。近代の国家は、ウェストファリア条約（一六四八年）にもとづく体制のもと、一方では主権国家による領土と相互不干渉を前提としつつ、他方で国家間関係において相互承認によって正統性を与えられてきたのです。さらに国際的な政治の場においては、近代国家を達成したとされる国々が、文明化の名のもとに、植民地支配を正当化してきました。閉じたシステムとしての近代国家の形成は、帝国的な開放性をもつ植民地の形成とパラレルだったのです（ラディカ・モンジア「奴隷制廃止と「自由」移民」、伊豫谷編『移動から場所を問う』）。

また、これまで法の唯一の形成主体であった主権国家がおびやかされているという意味で、法のグローバリゼーションという言葉が用いられることもあります。もちろん、これまでもさまざまな国際法や条約が各国の主権を制限してきました。しかし近年、論じられている法のグローバリゼーションは、従来の国際法の範疇《はんちゅう》に収まるものではありません。これまで国家は唯一の法形成主体とみなされてきましたが、いまでは唯一の法形成主体ではなくなりつつあり、さらには国際的な統治主体としての地位もおびやかされてきています。世界市場でのさまざまな経済紛争は、早急に解決することが求められ、相互間での合議によって解決されます。グローバルな巨大企業によって合意された事項が国家の主権行為を越えて、しかも領土を越えて、グローバルな基準として浸透してきているのです（A. Claire Cutler, *Private Power and Global Authority*)。

さらに文化に関していえば、日本文化やフランス文化のように、しばしばナショナルな単位と結びつけられて、国民文化として考えられてきました。文化と言われてきたものは、そして伝統と言われてきたものは、国民国家形成と深く結びついてきたのです（エリック・ホブズボーム、テレンス・レンジャー編『創られた伝統』）。しかし大衆消費社会の浸透によって、メディアやそれに媒介されたポピュラー・カルチャー、あるいはさまざまな消費様式や生活様式は、ローカルな特性を帯びつつも、共通の経験様式を世界中に拡散してきました。さらに英語の世界化に表れているように、一方では人類にとって初めての世界共通語を生み出したとともに、他方ではその浸透が、世界的な規模での英語の話者と非話者とを差異化する装置として働き、世界的な階層化と排除された人々を創り出しています。文化と言われるもののグローバリゼーションは、豊かな人々による文化の過剰消費とマイノリティ文化の消費を拡大し、価値観の階層化を引き起こしてきたとみることができます。

†差異化としてのグローバリゼーション

経済から文化に至るグローバル化が均質な世界を創り出すと考えるならば、それは大きな誤りです。均質なグローバル空間を典型的に表しているのは、市場経済という場であり、経済的グローバリゼーションでしょう。いまや企業活動は世界的な視野で行われ、人々の消費生活は自動車や家電製品などであふれています。ジーンズやスニーカーなどのファッションは若者の世界共通の文化となってからすでに久しくなっています。しかし他方でインターネットの拡がりは、そこから排除された大量の人々を生み出してきました。グローバル消費文化とそれに取り残される人々との亀裂は確実に拡がっているようにみえます。

経済がグローバルであるのに対して、政治や文化はナショナルであるという議論もかなり流通しています。ですが、グローバリゼーションの基本的な矛盾が、政治や文化単位としての国民国家と、経済の越境化、トランスナショナル化とのあいだにあるという議論は、あまりにも単純なものです。むしろ修正しなければならないのは、南北問題という従来的な世界観や国家を単位とする観点でしょう。

中国やインド、東南アジアの新興工業国（NICs）と呼ばれた国々は、近年、所得水準を大幅に引き上げています。そしていまやアフリカ諸地域の産業化も目覚ましく、南と北という分割だけでみれば、所得格差は縮まったというデータもあります。もはや南北問題という区分自体が妥当しなくなってきているのです。現代世界の所得格差は、国民経済という枠組みで捉えることはできず、グローバルな規模で拡大しているとみるべきです。

グローバル資本の世界戦略は、低賃金の余剰労働力を維持する格差の固定化によって支えられています。そして格差を固定する装置として、現在においても国家はもっとも重要な役割を演じています。つまり、賃金格差を固定する装置として出入国管理からシティズンシップ、ナショナリティにいたる人の移動に対する制限が重要な機能を果たしているのであり、これが一部の国の一部の階層の豊かさを守る手段となっているのです。グローバリゼーションの時代には、そうした役割を演じられない国家あるいは地方は、市場から排斥されていくでしょう。

グローバルとナショナルは截然《せつぜん》と分けられるものではありませんし、グローバリストであることとナショナリストであることは矛盾しません。グローバル資本は、国家にリスクを転嫁するとともに国家によって保護され、ナショナルなものを創り出しています。そして、グローバリゼーションを批判的に研究する難しさも、まさにこの点にあります。サスキア・サッセンの言葉を借りれば、グローバリゼーションとは「脱国家化（デ・ナショナライズ）」と「再国家化（リ・ナショナライズ）」の過程でもあるのです（『グローバリゼーションの時代』）。

3　グローバリゼーションは何をもたらしたのか

†グローバリゼーションから逃れられるか？

グローバリゼーションは、当初は人々に明るい未来を約束するかのように受け取られました。しかしいま、私たちにとってそれは有益なのでしょうか、それとも不利益をもたらすものなのでしょうか。あるいは、グローバリゼーションは、政策的に対応可能なのでしょうか、それとも時代の流れとして受け入れざるを得ないものなのでしょうか。

これらの問いに対する答えは、イエスであり、ノーでもあります。経済格差の未曾有の拡大、情報のデジタルへの移行、世界の共通語としての英語の浸透、人権思想の拡がりと差別の拡大、地球的規模の環境破壊など、グローバリゼーションといわれてきた事象に関して、多くの議論が展開されてきました。情報技術の発達は遠く離れた人々を瞬時に結びつけ、グローバルな資本はあらゆる資源を利用しうる条件を獲得してきました。グローバル資本だけでなく、グローバリゼーションに対抗する運動も、いまやインターネットを通じて展開され、英語を共通語として発信されます。SNSは、人々を統治する方法として利用されるとともに、グローバル資本に対抗する手段としても利用されているわけです。もはや人々は、こうした状況からまぬがれる術はないでしょう。

グローバル資本による世界的な統合化はネオリベラリズム政策に支えられた徹底した市場化をもたらし、格差や差異化を極端なまでに拡大してきました。しかもそうした格差や差異化は、これまでの国内ならびに国家間という境界によって一義的に区分されるのではありません。かつての第一世界と第三世界は交差し、豊かさと貧しさは世界の至るところに遍在しています。あらゆる人々が労働力として動員され、人々の生活や労働が政治の保護を失ってきているのです。

教育や衛生あるいは福祉といった近代国家を支えてきた核心的な装置から、軍事や警察活動までもが市場化され、労働をめぐる環境は極端なまでに悪化しています。コロナ禍の世界は、医療と衛生への民営化と市場原理の導入、感染症の世界的流行という脅威への対応を市場原理にまかせたことの誤りを示しています。人々のあらゆる営みや身体までもが商品として生産され、消費されることになり、日常生活を支えてきた生存がおびやかされています。近代資本主義の最大の特質が労働力の商品化にあるとするならば、グローバリゼーションとは、それを、女性を含めて、世界的な規模で極限まで推し進めてきた時代だということができるでしょう。

ジグムント・バウマンは、「グローバリゼーション」という語は決まり文句として流通しているが、それは「ある人にとって、幸福になりたければそうすべき対象であり、他の人たちにとっては不幸の原因でもある。しかしながら、すべての人たちにとって、手に負えない世界の運命であり、不可逆的過程である」と述べ、ある人にとってグローバルであることは、別の人にとってはローカルに固定されることであり、「われわれすべては、グローバル化されている」とつけ加えています（『グローバリゼーション』）。

†グローバルなものとローカルなもの

グローバリゼーションでは、統合と分割とが同じメダルの表と裏として進行します。ある人たちにとっては自由を切り開き、幸福をもたらすものですが、他の人たちには悲惨な運命が待ち受けています。グローバルであることとローカルであること、グローバリゼーションとローカリゼーションは同じ過程の裏と表であり、その中間はありません。グローバルな空間の平準化とローカルな場の固定化が極端なまでに進み、空間的な統合が、改めてローカルな場という問題を浮上させてきています。

空間的な統合と具体的な場との乖離を読み解く一つの鍵は、人の移動にあります。「グローバル・マス・マイグレーション」というべき現代の人の移動は、国民国家に代表される領域的空間から一連の社会関係、社会現象、社会的過程が切り離されていくことにかかわっています。

そしてナショナルなもの、さらにはナショナリズムが問題となるのは、ローカルな場であり、国民国家はそのなかで依然として特権的な位置を占め続けています。グローバリゼーションへの対抗はしばしばナショナリズムと結びつき、それがグローバルな機構や装置の強化に加担します。しかし他方で、グローバル資本はヴァーチャルな空間のみにあるのではありません。それを動かす具体的な場と人が必要です。その典型的な場が第3章で取り上げるグローバル・シティです。グローバルな空間としてのグローバル・シティには、世界経済を支配する多くの機能が集積するだけでなく、そうした機能を担う人々が世界中から集まり、グローバル経済、そしてグローバルな政治や社会、文化を担っています。

グローバリゼーションを学ぶとは、グローバリゼーションへの対抗として生まれてきているさまざまなローカリゼーションの運動を考えることでもあります。対抗的な運動というのはどのようにすれば可能でしょうか。先に挙げたアペルバウムとロビンソンは、グローバリゼーションと越境的な社会運動（ソーシャル・アクティヴィズム）の双方を連接する必要性を強く主張しています。さらに、のちに取り上げるサッセンの議論は、グローバリゼーションに対抗する具体的な場としてのグローバル・シティを論じたものです。ただそのためにまず必要とされるのは、時代としてのグローバリゼーションを把握することであり、国民と領土を暗黙のうちに一致させてきた空間認識のあり方を捉え返し、知の枠組みを転換していくことなのです。

第2章 # 移動と場所を問いなおす

1 移動の時代

†グローバリゼーションと人の移動

人の移動が制限されるコロナ禍において、改めて人間にとって移動ということがどれほど根源的で重要なものであるかが認識されるようになっています。そもそも、人が移動するとはどういうことでしょうか。しばしば女性移民について、国境を越えて移動しながらも出身国の家父長制に囚われ、場所だけが変化したにすぎないといったことが言われてきました（R. Parreñas, *Servants of Globalization*）。彼女たちは地理的に移動したとしても、同じ社会制度や規範に囚われており、別の社会への移動を経験したわけではなかったということです。一方で労働の場がグローバルに拡がっただけではなく、労働市場がグローバル化してきたとも言われます。こうしたことは人の移動を再考する契機となるでしょう。

大規模な移民が仕向け地においてコミュニティを形成し、そのことが出身地の社会にも大きな影響を及ぼしてきました。人の移動は、社会の変化を映し出すとともに、社会の変化を促してきたのです。そしていま、デジタル情報通信の拡大によって、移動が場所の意味を大きく変えてきています。グローバリゼーションによる格差の著しい拡大が人の移動を引き起こしながら、他方ではコロナ禍がグローバル・シティからの脱出を促しています。

ここではまず、グローバリゼーションと呼ばれてきた時代における人の移動が新たな場所をどのように創り出し、再編してきたのかをたどってみましょう。

†カネ、モノ、ヒトの移動

国境を越える膨大なカネ、モノ、そしてヒトの移動が場所を大きく変えてきました。この半世紀ほどのあいだに、これまでとは比較にならない規模で、世界のさまざまな地域で生産されたモノが大量輸送手段の発展によって結びつけられ、人類がこれまで経験したことがない大量消費社会を世界的な規模で生み出してきました。

詳しくは次章以降で説明しますが、世界経済における分業は、しばしば工業製品の生産をおこなう先進諸国と自然条件に制約された原材料を生産してきた旧植民地地域との、農工間分業として捉えられてきました。第二次世界大戦後の世界経済最大の問題と捉えられた南北問題とは、貧しい南の国々の工業化の問題でした。世界経済における最大の不安定要因は南北間の経済格差であり、南の地域の膨大な失業者の存在であって、その解消策として数多くの「開発論」が展開されました。

しかしながら一九六〇年代以降、多国籍企業と呼ばれてきた巨大企業は、衣服産業に典型的にみられるような、世界的な規模での国際的な商業下請けのネットワークを作り上げるようになります。その後、エレクトロニクスなどの先端産業の部品下請けを発展途上国で展開するようになり、発展途上国はグローバルな製品ネットワークのなかに組み込まれることとなりました。

生産拠点の移転は巨大企業だけではなく、中小規模の製造業、さらには発展途上国のなかで工業化をいち早く達成した新興工業国へと拡がり、かつての農工間分業に代わる新しい国際分業、すなわち産業化した発展途上国を巻き込んだ「新国際分業」が展開されるようになります。多くの発展途上国では都市化が急速に進み、都市にはニュー・リッチと呼ばれる新中間層が出現し、発展途上国がグローバル企業にとっての新たな消費財市場にもなっていきました。

生産のグローバルな展開は、それに伴うさまざまなサービス部門のグローバルな展開を促し、天文学的なカネの流れが、経済や政治だけでなく、人々の日常生活の基盤を侵食し、ライフスタイルや価値観までも変化させてきています。

†情報の時代

二一世紀に入ってから劇的な変化をもたらしたのは、カネやモノ、そしてヒトの移動だけではありません。インターネットを通じたとてつもない情報の移動が、発展途上国を含めて、場所を大きく変えてきています。これまでとは比較にならない規模の情報の移動は、国境を越えたヴァーチャルな空間を拡大し、コンピュータによって解析され、デジタル化されて富を生み出す商品として市場化されてきています。ビッグデータと呼ばれる膨大なデータは、これまでの産業のあり方を転換しただけでなく、新しい産業を生み出してきました。さらにマーケティングの手法は政治の世界に拡がり、統治する手段として利用されるようになります（ジェイミー・バートレット『操られる民主主義』）。ビッグデータという怪物がニュースの形態を変え、選挙を通じた政治戦略から人々の消費行動までを左右し、国境を越えた対立や分断を生み出してきているのです。

ここでの課題は、この四半世紀に生じたインターネットの浸透、金融や情報の肥大化、ヴァーチャル空間の拡がりが、移動という概念をどのように転換し、国境という枠を越える動きとしてのグローバリゼーションを新しい局面へと導いてきたのか、という点にあります。自由や平等あるいは進歩といった理念を創り上げ、国民国家という想像上のまとまりを掲げてきた近代という時代が、ここにきて大きく転回したといえるかもしれません。人々が民主主義を掲げた政治に参加し、豊かさを享受したと思えた時代が終わった、という認識が拡がっています。

これまでも規制緩和や民営化といった一九八〇年代以降の政策は、人々のあいだに深刻な亀裂を生み出し、拡大する格差への批判が繰り返し行われてきました。親の世代よりも豊かになれないという感覚が多くの国の若者のあいだで蔓延し、社会的な分断や世代間の対立を加速してきたのです。近年では、極右と呼ばれる勢力の台頭にみられる分断政治は欧米諸国だけでなく、発展途上国や旧社会主義圏諸国なども含めた至る地域へと拡がり、ネオリベラリズムやポピュリズムへの危惧がしばしば表明されてきました。

†近代の機能不全にどう向き合うか

しかしグローバリゼーションの新たな局面における重大な問題は、格差や民主主義の衰退として現れてきているだけではありません。いま直面している大きな課題は、変貌を遂げる局面の底流にある時代の変化にあります。民主主義という政治制度が批判にさらされ、官僚体制が劣化してきたことにみられるように、近代国家が築いてきたシステム自体が機能不全になってきているのです。同時に、国家に対して社会と呼ばれてきた、人々のあいだで創り上げられてきたさまざまな共同性がもはや機能しなくなったとも言われるようになりました。

コンピュータによって結びついたインターネットの世界が国境を越えて人々の生活のなかに深く浸透してきたのは、この四半世紀のことです。さらに今後、人工知能（AI）などの技術はいろいろな場に広く拡散し、情報や金融などの国境を越える移動はますます膨れ上がるでしょう。私たちはこうした変化を避けて通ることができません。

2　移動が作り出す場所

†制限される人の移動

それでは、グローバリゼーションとはどのような時代かという問いを念頭に置きながら、「移動」と「場所」という問題を立ててみましょう。

モノやカネなどさまざまな移動がありますが、ここでは、ヒトの移動に焦点をあてます。その理由は、モノやカネの移動に比べ、ヒトの移動には社会の変化が直接的に投影されており、時代の変化を集約するからです。モノやカネの移動はこれまでとは比較にならない規模に膨れ上がり、情報が瞬時に世界を駆けめぐる時代です。これらの移動には基本的にはヒトの移動が伴い、移動は場所のあり方を変えてきました。しかしながら、モノやカネの移動と比較して、ヒトの移動は依然として境界によって厳しく制限されています。グローバリゼーションと呼ばれる時代に、移動がどのような場所を生み出してきたのかを考える重要な鍵が、モノやカネや情報の自由な移動とヒトの移動の制限との対照性、ズレのなかにあります。

ここで問題となっているのは、新たな大量移民・難民の時代に入ったということだけではありません。〈いま〉という時代が直面しているのは、移民や難民に対する共通した理解や認識が揺らぎ、こうした人々を保護する人権などの理念や手段が次第に閉ざされてきているという事態です。これらは、しばしばナショナリズムあるいはポピュリズムとして批判的に論じられ、ときにかつての戦時期を想起させる状況に近づきつつあると指摘されることもありました。しかし世界で拡がる極右といわれる勢力の台頭を、かつてのファシズムの時代への回帰と短絡的に同一視することはできないでしょう。

人権や民主主義という戦後の国際政治で掲げられてきた理念は、たとえ建前であったとしても、かろうじて大きな戦争を食い止める防壁として機能し、人種差別は正統性を失ってきました。しかしいま、悲惨な戦争を繰り返さないために創り上げられた戦後の枠組みや規範が、大規模な人の移動によって、そしてコロナ禍のなかであっけなく崩れようとしているようにみえます。そして現代の移民や難民と呼ばれる人たちをめぐる混沌とした閉塞状況のもとで、欧米諸国の政府は、移民を制限し、あるいは国境を閉鎖するという時代錯誤と思える政策を掲げるほかには、有効な政策を見いだせないでいます。なぜ人権や民主主義という理念は、このように急速に色あせてしまったのでしょうか。

†逸脱としての移動

この混沌とした状況の底流には、多くの人たちが指摘してきたように、近代世界の基盤であった国民国家という体制の揺らぎがあります。近代の政治や経済、文化などは、国民国家という一定の固定した場所とそこに住む人々を、本来あるべき姿、自明のものと考えてきました。それゆえに移民や難民は、国民国家という本来あるべき場所から逸脱した人々ということになります。場所を固定的・静態的に考え、そこから移動を捉えてきたのです。しかしながらいま移動と場所の関係性を柔軟に考えて、国民国家という場所を捉え返すことが求められています。

第Ⅱ部で詳しく取り上げますが、私たちの思考はしばしば、定住している人々のあり方が常態／正常であり、移動する人は〈例外〉あるいは正常ではないと、無意識にみなしてきました。社会科学は基本的に、ある定まった境界によって画される場所に人々が定住することを暗黙のうちに〈常態／正常〉とみなしてきたのです。移民あるいは広く人の移動というテーマは、逸脱した人々の正常な状態への回帰、といった物語でもって捉えられてきました。

しかしながら、移動から場所を捉え返すことによって、ある定まった場所を所与としてきた近代国家の、そして社会科学の課題が浮き彫りになります。移民や難民にかかわる研究は、こうした近代の知の枠組みがもつ制約を明らかにしうるはずでした。しかし、人の移動を対象とする移民研究も、あくまである正常な場所での定住を本来のあるべき状態として構想してきました。移民研究は、正常から逸脱した移民がもう一つの別な正常にいかにして戻るのか、あるいはもとの常態にいかに回帰するのかという物語として、展開されてきたのです。移民研究は、定住の観点から逸脱とみなす人の移動を研究してきたのであり、移動そのものを取り上げたわけではなかったのです。

†不可視化された課題

どこか定まった場所に〈定住〉することが人々の正常なあり方だとする考えからは、移動と場所をつなぐ「経路」は、そして移動によって創り出される場所の多様性は、抜け落ちることになります。これまで移民や難民に対する政策において、さらに移動を考える場合においても、定住を正常とみなし、〈移動〉を本来あるべき正常な均衡からの逸脱と考え、常態としての〈場所〉のあり方を固定的に想定したのでした。こうした思考は、国民国家を暗黙の前提としてきた社会科学に深く浸透しています。しかしそのことが、移民や難民に対する政策的な隘路《あいろ》を生み出し、国民国家が揺らぐ〈いま〉という時代の抱える課題を見えなくしているのです。

増え続ける移民労働者への反発が高まりながらも、移民に依存せざるを得ない先進諸国。防衛目的だけでなく、石油やその他の稀少資源の利権を維持するために軍事的な戦略から介入を続ける大国とますます激化する地域紛争によって生み出される難民。グローバル資本の浸透によって拡がる経済格差と移民の送金に依存する経済の拡大。これまで国民経済という単位で曲がりなりにも維持されてきた労働市場は、国民国家の揺らぎのなかで変質してきています。

人々の生活はますますグローバル化し、そのことが否応なくヒトの移動の拡大を引き起こし、膨大なヒトの移動は国際政治の最大の争点として浮かび上がってきました。アメリカにおける中南米から北米をめざす移民キャラバン、EUにおける膨大な域内移動とイギリスのEU離脱、欧州各国における反移民感情と極右の台頭、アジアやアフリカでの移民労働者や難民への排撃と虐待。二一世紀に拡大してきた膨大な人の移動は、資本や情報の移動を反映したものです。

アメリカ国境をめざす移民キャラバン（2021年1月、グアテマラ）（EPA ＝時事）

国際移住機関（IOM）によれば、生まれた国を離れて外国で暮らす人の数は、二億八〇〇〇万人を越え、世界人口の三・六パーセントに達すると推計されています（二〇二〇年現在）。しかし境界を越えて暮らす人々、生活の場を求めて動き回る人々、国家的な暴力や制約から逃れようとする人々などの数は、統計として捉えられている数をはるかに上回るでしょう。さらに移民や難民と呼ばれる人々と観光や留学などの一時的と分類されてきた移動との境は曖昧です。いまや誰もが潜在的には移動する民なのです。

†喚起されるナショナルなもの

膨大な規模の難民や増え続ける移民の流入は、欧米諸国だけでなく多くの国の政治的、社会的な分断を露わにし、世界大戦の過程で封印されてきた人種や民族にかかわる諸問題を噴出させてきています（ベン・シェファード『遠すぎた家路』）。さらに市場経済の浸透が各地にもたらした亀裂が、移民や難民と呼ばれた人々の移動を契機として表面化しました。第二次世界大戦の経験を踏まえて、西欧諸国は人種差別を強く批判し、人権思想の浸透を主導してきました。しかしいま、年間一〇〇万人を超える難民や法制度の統治から除外された膨大な移民労働者の流入に直面して、欧米諸国は排外主義的な運動に対する有効な政策を見いだせないでいます。

人の移動が近代世界を創り上げてきました。しかし移民や難民の存在が政治の大きな問題として現れてきたのは、それほど昔のことではないのです。国境に画された国民国家という体制のもとで、人々の移動の管理や支配が圧倒的な規模で展開されたのは、二度の世界大戦の時期ですし、現代の移民や難民政策の原型がかたちづくられたのは、第二次大戦後の大規模な人の移動が「正常な状態への回帰＝〈故郷〉への帰還」というかたちをとったことによります。また、政治課題としての移民危機、そして移民研究なるものが広く認知されるようになり、さらに移民や難民に対する基本的な認識が浸透したのは、欧米諸国において高度経済成長が終わった一九六〇年代以降でした。

国境を越える移動は、これまでも「故郷」を生み出し、ナショナルなものを喚起してきました。第二次世界大戦と戦後の未曾有の規模の人の移動によって、かつての植民地を含めて国民国家は再編成されて、国境と国民が再確定されたのです。ナショナリズムに席巻された悲惨な戦争の経験から、国境を越えて移動する難民や難民に対する国際的な規範や理念が創り上げられました。その後の高度成長の時代に人の移動は拡大し、移民・難民問題といわれるものは、日本を含めて、いまやあらゆる国が直面するグローバルな課題となってきたのです。

†揺らぐ国民の範囲

移動する人々は、グローバル資本が創り出した世界編成に組み込まれ、その多くは安価な労働力としての移民労働者になりました。その労働力は、これまでの生産やサービスといった活動だけでなく、最近では介護や看護などの人の再生産領域にまでますます拡大してきています。移民労働者は、生命の再生産という国民国家の根幹に深く入り込み、国家と個人との中間にある家族やコミュニティという領域、そして社会を大きく変えてきています。

グローバリゼーションは、経済成長に支えられた豊かさと福祉政策に、大きな亀裂と分断を持ち込みました。これまでも先進国と呼ばれる国々は、一方で難民や移民の流入に対する排外主義が拡大しながらも、他方では高齢化社会の福祉を維持するには彼ら・彼女らに依存せざるを得ないというジレンマに直面してきました。人権などの理念、内外不平等の原則がこの矛盾を乗り越えるための解決策として掲げられ、その帰結として、移民と国民との差別は制度上は抑えられてきました。移民を管理する政策は、しばしば国民を管理する政策の裏返しであり、移民のシティズンシップ（市民権）が問題となるのは、まさに国民の範囲が揺らいでいることの反映でもあります。

近代は、たえず崇高な理念と力の現実とのズレを内包してきました。平等は差別を内包し、自由と強制は表裏の関係にありました。国民と他者としての外国人は分割され、民主主義や人権が実現される場は領土のなかに制限されてきました。そして、移動する人々は、言葉を発する自立した主体の位置ではなく、物言わぬ、保護対象であり続けてきたのです。移動する人々を人権の被害者、保護されるべき対象とすることによって、国民国家という領域の持つ支配の構図を覆い隠してきたと言えるかもしれません。

二一世紀のいま、これら移動の規模は加速度的に膨れ上がり、もはや対処しえないほど大規模な移民や難民を引き起こしてきました。現代の大規模な人の移動は、西欧中心に創り上げられた近代世界への反乱であり、異議申し立てでもあります。こうした混沌とした状況に対処しうる能力を持ち合わせているのは、そしてグローバリゼーションに対抗する有効な手段を提供できるのは、いまのところ国家という制度しかないでしょう。しかしネットでつながった社会は、もう一つの可能性を持つかもしれません。新しい情報化社会のなかで、領域性を越える開かれた場所を追求し続けることが求められるでしょう。

第3章　グローバル資本と世界経済

1　経済のグローバリゼーション

†近代の移動

資本主義とは何か、近代の始まりはいつからか、といったことはさしあたり問わないとして、地球全体を覆う一つの体制が形成されたのは、一九世紀の世界経済であったといえます。一六世紀以降の大陸間の交易の拡大は、これまでとは比較にならない規模と拡がりをもつヒトやモノの移動を引き起こしました。「文明化の使命」を掲げた西欧諸国によって、未開で野蛮とみなされた地域は植民地化され、世界的な貿易網のなかに組み込まれていったのです。さらに植民地投資などの資本の移動は、モノとヒトの移動を組織化し、大

大陸横断鉄道建設に従事した中国系移民

規模化しました。

世界経済がそうした地球を覆う制度として形成されたのは一九世紀の帝国主義の時代であり、ヨーロッパから南北アメリカ大陸へ、アジアから世界各地への人の移動は、移民の時代と言われる現代に比較しうる規模でした。

食糧を含めた日用必需品貿易の拡大は、それまでの奢侈品とは異なり、商品連鎖によって世界中を緊密に結びつけ、世界経済と呼ばれる一つの制度や秩序を作り上げました。統合された世界経済を表す一つの指標は、国際的な決済手段としての金本位制の成立です。各地の国内の通貨制度が徐々に金《きん》に結びつけられ、世界秩序に組み込まれた地域は国際金本位制のなかに包摂されました。植民地化された地域には、宗主国の植民地銀行が創設され、金融だけでなく、保険や輸送など貿易に必要なインフラが整備されていったのです。ロンドンのシティと呼ばれる地区には、金融機関だけでなく、輸送や保険などにかかわるさまざまな企業、そして組織やシステムが集積し、世界貿易の拡大を促してきました。

組織的・継続的な人の移動は、単なる労働力の移動にとどまることはありません。労働力の移動は人間の移動であり、生活習慣や情報・思想あるいは技術の移転をもたらしました。ヨーロッパならびにアフリカ大陸から南北アメリカ大陸への人の移動は、近代世界の基盤としての国民国家と植民地を創り上げました。さらにインドや中国などのアジア地域からの人の移動は、プランテーション労働やアメリカの大陸横断鉄道建設を担いました。移民たちは、しばしばチャイナタウンのようなコミュニティを移住先に形成し、送り出し社会だけでなく、現地社会の生活様式にも大きな影響を与え、新たなナショナルな資本主義空間を生み出していったのです（S. Hall et al., *Modernity*）。

†国民国家形成と国家間関係

人の移動が国民国家の形成と深く結びついてきたとする理解は重要です。これはたんに移民国と呼ばれるアメリカやオーストラリアなどがそうであったというだけではありません。日本を含めて多くの移民を送り出した国においても、移民こそがナショナルな意識を生み出す契機だったと言われています。移動した人々が移住先で「同胞意識」を育み、あるいは他者との出会いを通してナショナルな共通意識をもつようになり、それが送り出し地におけるナショナルな意識の創出に結びついたのです。

近代という時代は最初からグローバルであった、と言われることがあります。ですが、近代のグローバルな空間の形成は、他方では差異化を生み出し、境界を作り出す過程でもありました。すなわち、近代世界においては、国民国家の形成が差異化を生み出し、それが植民地の形成をもたらしてきたのです。近代世界の形成過程においては、一定の領域を単位として政治的・文化的・社会的な差異が意識されるようになり、そうした差異によって作られた境界を固定化しようとしてきたのです（イマニュエル・ウォーラーステイン『近代世界システム』）。

近代世界はグローバルな体制として成立しながらも、世界的な規模での相互の結びつきの過程で、一方では境界によってナショナルな領域単位へと分断され、他方では分断されて序列化された地域が、植民地として組み入れられてきました。ナショナルな領域を創り出した近代こそが、グローバルな規模で階層化された植民地体制という世界秩序を生み出したのです。

実際にはナショナルな領域というのは完結した自立的単位ではなく、分断された境界は絶えず揺れ動き、相互依存的であり、混ざり合った分配不可能な空間を抱え込んできたことに注意する必要があります。ナショナルな単位は地図上に明示されて標示される境界を画定し、ナショナリズムは他のさまざまなアイデンティティのなかで特別な地位を獲得しますが、異質性そのものが消去されることはありません。国民国家は、しばしば「想像の共同体」（ベネディクト・アンダーソン）と形容されますが、この共同体は均質な空間を意味するわけではないのです。近代国家は、外部に他者を創り出すだけでなく、内部に他者を抱え込むことによって成立したのです。

さらに近代国家の重要な特質として、それまでの中国やトルコ、インドなどの帝国とは異なり、他の国家に承認されて、すなわち国際的に認知されて初めて、国家としての正統性を得ることが挙げられます。近代国家は、経済的な相互関係のなかにあるだけでなく、政治的にも国家間関係のなかに置かれてきたのです。

近年のグローバリゼーションをめぐる議論は、ここ二、三〇年の経済や政治の目まぐるしい変化を問題としてきましたが、その場合も近代がその初発において抱え込んだ課題をつねに念頭に置いておく必要があるでしょう。以降では、グローバルとナショナルな相補的な関係を念頭に、こうした歴史的な課題を意識しつつ、近年の急激な経済的グローバリゼーションといわれる事象をみていくことにしましょう。

†製造業生産の越境化

経済のグローバリゼーションとは、一般的には、越境的な経済活動の拡大をさします。言うまでもなく、企業活動の越境化は何もいまに始まったことではなく、近代の歴史とともに開始されます。香辛料などの熱帯・亜熱帯産品への情熱が大航海時代という近代の幕開けをもたらしたことは、よく知られています。植民地会社や多国籍企業の前身も、鉱物資源や石油あるいは食糧原材料といった一次産品の原料調達という長い歴史を持ってきました。

さらに、いわゆる帝国主義の一つの側面は、市場の確保とともに、原料問題の解決でした。自国において入手困難な原材料や稀少資源を安定的に確保するために、暴力的な領土拡張が行われました。いまでも石油産業は世界最大の多国籍企業であり、食品加工業はもっとも早く多国籍化した産業分野です。国民経済が原料、そして労働力によって制限を受ける限り、国民経済形成が植民地形成へと展開するのは不可避だったといえるでしょう（マイラ・ウィルキンズ『多国籍企業の史的展開』『多国籍企業の成熟』）。

しかし自然的な制約を受けない、生産立地の自由度の高い製造業生産の越境化が大規模に拡がるのは、基本的には第二次世界大戦後のことです。自国で生産された商品を輸出するのか、海外での生産へと切り替えるのかは、個々の企業戦略の問題です。生産工程のマニュアル化によって、一九六〇年代後半以降、貿易の代替としての在外生産が急速に拡大することになりました。その一因は、S・ハイマーが指摘したように、ヨーロッパ共同体（EC）の関税を回避するために形成された、アメリカ多国籍企業の在外子会社のヨーロッパ進出にあります（『多国籍企業論』）。

しかしその後、巨大企業の在外生産の拡大は急速に発展途上国へと拡がり、文字通り企業はグローバル化したのです。南北問題が華々しく論じられ、発展途上国の工業化が盛んに取り上げられた一九六〇年代に、発展途上国の経済がグローバルな企業戦略のなかに急速に組み込まれてきたことは注目されます。途上国の開発戦略における工業化の選択肢は、自立的発展といった方向ではなく、グローバル資本との共存となっていったのです（G・K・ヘライナー『多国籍企業と企業内貿易』）。しかし重要なことは、多国籍企業の途上国への進出は、必ずしもしばしば指摘されてきたような従属化あるいは新植民地主義といった一方的なものではなく、グローバル資本も、もはや途上国との共存なしには生き残れなくなったということです。

†世界経済への包摂

経済のグローバリゼーションを考える起点は、一般的には一九六〇年代後半から七〇年代初めに置かれます。多国籍企業による発展途上国を含めた統合化が著しく進展した時期は、戦後の安定したドルを中核とするブレトン・ウッズ体制が大きく揺らぎ、オイルショックによってエネルギー危機が大きな問題となったころでした。それは政治的・社会的にはヴェトナム戦争と国際反戦の時期であるとともに、ウーマンリブや人種差別反対運動などの新しい社会運動が吹き荒れた時代でもありました。

このような激動の時代に、その後のドル・固定為替相場体制の解体は、逆にアメリカを本拠とするグローバル資本の世界市場におけるフレキシビリティを高めることになり、金融資本の支配する世界経済の新たな道を切り開くことになりました。

国際決済手段としてのドルは金《きん》の軛《くびき》から解き放たれ、国境を越えて自由に動き回る膨大な流動資金が供給されることになります。発展途上国の資源国有化への対抗として、グローバル資本のエネルギー支配は、原料調達から探査・加工・精製・流通などへと拡がりました。すなわち、戦後世界経済の最大の課題とされてきた南北問題は、発展途上国の工業化政策が多国籍企業の世界戦略に組み込まれたことによって、大きく転換したのです。ただし言うまでもなく、南北間の経済格差がなくなったわけではありません。

一九六〇、七〇年代における経済のグローバリゼーションを端的に定義すれば、発展途上国と呼ばれる地域が、製造業を含めた物的な生産におけるグローバルな資本蓄積の世界経済に全面的に包摂、統合されたことを意味します。しかもより重要なことは、のちに詳述するように、二一世紀に入ると、モノの生産だけではなく情報やサービス、そして生命の再生産を含めた新たな資本の蓄積メカニズムへと、世界が統合されてきていることです。

この過程で、欧米諸国だけでなく発展途上国や社会主義圏諸国を含めて、従来の国家機構あるいは国民国家のあり方が根底から変型し、政治や文化あるいは社会が有してきたナショナルな領域性は揺らぎ、グローバリゼーションが一挙に推し進められたのです。

†グローバリゼーションの新たな展開

ここで指摘しておきたいのは、一九九〇年代から世紀転換期ごろを境に、グローバリゼーションが新たな局面に入ったということです。世界的なモノやヒトの移動は、カネ（資本）の移動、そして二〇世紀末から二一世紀にかけての世紀転換期におけるコンピュータの普及と情報ネットワークの拡大によって大きく転換しました。もはやデジタル情報技術の発展は人間の能力を凌駕《りょうが》してきたと言われています。輸送・通信技術とコンピュータ技術の結合と発達は、地球上の時間と空間を著しく圧縮し、そのことが企業活動や経済過程を大きく変えてきました（D・ハーヴェイ『ポストモダニティの条件』）。

リアルタイムで地球上のあらゆる地域が結びつけられ、いかなる場所であれ単一の市場として管理し、コントロールしうるようになってきています。比喩的に言えば、時差すら克服するレベルまで、世界経済の統合が進んできていると言えるかもしれません。

巨大化した企業は、原料資源の調達から製品の販売まで、生産拠点の移転から資金調達まで、境界を越えて活動領域を拡大してきました。ナショナルな単位のなかで経済活動が完結し、商品貿易によって相互に結び合わされるという世界経済像は、多国籍企業と呼ばれた国境を越える企業活動によって、一九七〇年代以降、大きく転換することになり、「グローバル資本主義」、「グローバル・リストラクチャリング」や「グローバル・ファクトリー」といった言葉が使われてきました（リチャード・バーネット、ロナルド・ミュラー『地球企業の脅威』、J. Grunwald & K. Flamm, *The Global Factory*; J. Henderson & M. Castells eds., *Global Restructuring and Territorial Development*, R. J. S. Ross & K. C. Trachte, *Global Capitalism*）。

以下では、こうしたグローバリゼーションの主役である多国籍企業が転換してきた過程を簡単に振り返っておきましょう。

2　多国籍企業の旋回

†多国籍企業の影響力

ここ四半世紀の間に、国連などを舞台とする華々しい国際政治の基底において、すなわち国家を単位とした世界の対立図式の背後において、金融を含めた巨大企業による統合化が進展し、世界政治や経済を動かす要因が大きく変化してきました。南北問題と言われてきた世界経済の格差も、その構造を大きく転換してきています。そのことがその後の新しい局面、転換を引き起こしてきました。

この変化過程の中核にあったのは多国籍企業と呼ばれてきた巨大企業です。その拡大がもたらした影響は、経済だけではなく、国際政治から文化やメディアなど広範囲に及びます。多国籍企業が国家主権に匹敵する影響力を持つにしたがって、一九七〇年代以降、国連においてその規制などが論じられるようになりました。多国籍企業の功罪が先進諸国だけでなく発展途上国においても問題とされ、国連の報告書においても企業内取引や移転価格、あるいは技術革新への影響が取り上げられ、さらに、環境破壊や公害輸出の責任を問う研究も現れます（スーザン・ジョージ『なぜ世界の半分が飢えるのか』）。

特に多国籍企業の規制に関して問題とされたのは、多国籍企業の活動が国家主権を侵害するのかという点でした（レイモンド・バーノン『多国籍企業の新展開』）。多国籍企業による租税や海外送金規制の回避、あるいは国家政策と企業意思決定の対立などが国家主権の空洞化をもたらし、経済政策の有効性を掘り崩し、福祉国家政策の危機を導いてきたといった、現在も続くテーマが取り上げられてきました。

多国籍企業は、たんに世界経済の再編成に大きな役割を演じただけでなく、国際政治の主要なアクターでもありました。多国籍企業による国家主権の侵害がとりわけ大きな問題となるのは発展途上国においてです。世界保健機関（ＷＨＯ）や国際労働機構（ＩＬＯ）などの国際機関が多国籍企業の思惑によって動かされてきた例はたびたび指摘されてきました。国際政治はまた、三極委員会やダボス会議のような多国籍企業のトップが出席するインフォーマルな会議によってしばしば方向づけられています。

多国籍企業の世界的な統合化は、工業化戦略として重要であっただけでなく、大衆消費社会の世界的な浸透をもたらし、そのことが社会主義体制の崩壊や転換をも導いたとみることもできます。多国籍企業による世界的な統合化は、従来の商品貿易を通じた世界経済の統合化とは大きく異なり、企業活動の支配と市場の拡大だけでなく、現地社会の変化をもたらしました（B. Harrison & B. Bluestone, *The Great U-Turn*）。一九七〇年代以降の多国籍企業の世界戦略に適応した新興工業国（ＮＩＣｓ）の成功は、その後の世界経済の転換を考えるうえで重要です。さらに中国の改革開放政策への転換は、多国籍企業の方針転換が引き起こしたとも言われ、その後の中国の台頭をもたらすことになりました。

†輸出加工区と新国際分業

一九六〇年代に政治的に独立を遂げた多くの発展途上国においては、当初、経済の自立を目指した輸入代替（内向き）工業化戦略がとられてきました。しかし、市場や技術などの問題から、発展途上国の工業化は海外市場をターゲットとする輸出志向型（外向き）の開発戦略への転換を余儀なくされていきます。世界経済の構造転換に適合しない限り、発展途上国の経済成長はありえないことが明確となったのです。発展途上国の多くの地域において、多国籍企業の国際的な垂直的下請け戦略がとられるようになります。その典型的な事例が「輸出加工区」と呼ばれる特区の建設です。

輸出加工区とは、外国企業の子会社を積極的に誘致するように計画された地域のことです。そこでは、港湾や道路、エネルギーや水道などのインフラストラクチャーを整備した一定の工業団地が造成され、輸入原材料に対する関税免除などの税制面での優遇措置が積極的にとられ、現地労働者の権利を制限することによって低賃金を維持する政策が実施されてきました。

輸出加工区で生産された製品は、基本的には輸出向けであり、発展途上国の雇用問題と外貨不足の双方を解決する政策と考えられてきました。輸出加工区では、主として若年女性労働が大量に動員され、マニュアル化された生産工程のなかの労働集約的な単純生産工程に特化し、巨大企業の世界的な生産戦略の下請け部門を担ってきたのです。

発展途上国からの工業製品輸出は、歴史的に初めて、南と呼ばれた地域からの国際競争力を持つ工業製品の輸出に成功した事例です。新興工業国と呼ばれた地域からの工業製品輸出は、農工間分業という古典的な国際分業に代わるものであり「新国際分業」と呼ばれました。新国際分業は発展途上国における無尽蔵の労働力を世界市場向け製造業生産戦略に動員することが可能となったことを意味します。グローバル資本の世界的な統合化が発展途上国をも組み込む水準になったということです。

製造業の生産の発展途上国への大規模な移転は、世界経済にさまざまな影響を及ぼすことになりました。その例を挙げれば、(1)発展途上国のなかで国際下請け化によって工業化に成功した国々と、むしろ貧困の拡大した国々へと分化することになり（いわゆる「南南問題」）、(2)多国籍企業子会社の受け入れ国における賃金労働者化だけでなく、投資国における失業問題として現れる「産業の空洞化」を引き起こし、(3)発展途上国における産業化の拡大によって、開発独裁と呼ばれるような権力構造を形成するとともに、新しい中間階層と新しい貧困層が生み出され、(4)多国籍企業の子会社や関連会社が集積する、首座都市と呼ばれる巨大都市が台頭し、先進諸国の世界都市を頂点とするヒエラルヒーの底辺に組み込まれていったことなどです。

†サービス面での世界経済の統合化

多国籍企業による世界経済の統合は、一九八〇年代に入るとさらに拡大します。これまで述べてきたのは製造業を想定した多国籍企業による世界経済の統合化でしたが、それだけでなく、世界経済の統合化は国際的な金融業務、マーケティング、会計、法律、宣伝、コンサルティングといった企業者サービス部門へと拡大し、また映画、音楽、テーマパーク、ファストフード、ツーリズムなどのサービス部門へと拡がっていきました。それに伴い、多国籍企業も多国籍銀行や企業者サービスへと拡がり、それらが具体的に展開する場として、世界都市へと向かうことになったのです（サスキア・サッセン『グローバリゼーションの時代』『グローバル・シティ』）。

多国籍企業は一九八〇、九〇年代以降、新たな局面を迎えたといえます。この新しい展開を理解するために、以下では、バーネットの研究を取り上げてみましょう。

かつて多国籍企業への関心は、世界的な統合化がいかに進展しているのか、そしてバーノンや国連報告が問題としたように、国家主権をいかに侵害してきているのかといった点にありました。こうしたテーマはいまでも残されています。しかし、バーネットが取り上げたのはこうした問題ではなく、多国籍企業そのものが、あるいは世界経済の編成がいかに変化してきているのか、という点でした。言い換えれば、経済的グローバリゼーションの政治的さらに文化的・社会的な拡がりや特質は何か、ということです。

バーネットは、かつて企業経営のトップへのインタビューを通じて、多国籍企業の論理を鮮やかに描き出しました（『地球企業の脅威』）。そして、それから二〇年後にふたたび『グローバル・ドリーム』（*Global Dreams*）を著し、多国籍企業の変化を次のように捉えたのです。

二〇年前の多国籍企業は多くのさまざまな国において個別の活動を行い、その活動を現地に適合させていた。一九九〇年代において、巨大企業は、そしてある種の小規模企業でさえも、経済活動にとってこれまで限界と考えられてきた時間、空間、国境、言語、習慣、思想といった障害を突破する技術的手段と戦略的観点とを有している。地球大の技術を獲得することによって、どこでも生産や販売の可能な商品を開発することによって、世界中に信用を拡大することによって、コミュニケーションのグローバルな回路の浸透を通じていかなる村や地域をも結びつけることによって、多国籍企業という制度は、二一世紀の世界帝国になりつつある。

こうした多国籍企業を二一世紀の世界帝国と捉える観点は、ある意味では、ネグリとハートが現代世界を帝国主義から〈帝国〉への移行と捉えたことを思い起こさせます（『〈帝国〉』)。多国籍企業による世界経済の支配のあり方と帝国的な支配のそれとの類似性がしばしば指摘されますが、その特徴は領域性にもとづいた近代国家による世界秩序が解体していくこと、あるいはそれが揺らいでいくことにあります。グローバリゼーションが進むなかで、国家は唯一の主権行為者ではなくなり、国家主権のあり方や国家間関係としての世界秩序は大きく変化してきました。つぎに、これらの点を資本蓄積の変型という観点から取り上げてみましょう。

3 グローバル資本の蓄積様式

†グローバル資本の蓄積メカニズム

『グローバル・ドリーム』は、グローバル資本の支配する世界を次のように描いています。少し長いですが、引用しましょう。

二、三〇〇の巨大企業が、世界中の資本・エネルギー・技術を支配しており、世界的な規模の視野にもとづいた計画と意思決定を行う。これら巨大企業を動かす経営者層や高度専門家層は、領土に縛られてきた普遍的意識とは異なる新しいイデオロギー装置を創り出し、地球的市民として君臨する。さまざまな企業を動かす人々が属するのは、ＩＭＦや世銀などの国際機関の高級官僚、発展途上国を含めた各国の上級官僚などであり、その多くは英米の限られた大学の出身者で占められる地球村（グローバル・ヴィレッジ）である。世界的な規模でのエリート集団が形成され、その中核を巨大企業の経営者層が占めてきている。

巨大企業は、世界の生産資産の四分の一を支配し、地域のさまざまな習慣や生活様式を急速に溶解し、グローバル商品をあらゆる地方へと浸透させてきた。かつて国家が経済を支配するために持っていたさまざまな強制力が、いまや失われつつある。多国籍企業は、課税を合法的に免れる手段を有し、国家政策の有効性を掘り崩している。国家と国民との一義的な関係、国民の安全と生命を守る再生産体としての国民経済モデルは、急速に色あせてきた。

巨大多国籍企業、二四時間の国際金融市場、法律・会計・コンサルタントなどの企業者サービス、巨大メディアと情報産業、軍需産業、娯楽産業、さらには非合法のアングラ経済を支配する組織など、国境を越えて世界市場を場として活動するさまざまな企業体が、グローバル資本と呼ばれるものを構成する。グローバル資本の活動は、貿易や投資、技術開発から情報や資本の流れ、映画や音楽・スポーツ・テレビなどの観光や娯楽、麻薬・売春・ポルノや武器取引等のアングラ経済など、あらゆる越境的活動に及んでいる。これらグローバル資本の支配は、ある場合には冷戦体制を梃子としながら、そして冷戦の崩壊後は「民営化」と「規制緩和」のネオリベラリズムのイデオロギーをふりかざして、世界のあらゆる地域に拡大してきた。

こうしたグローバル化した世界経済を特徴づけるのは、国境を越える市場経済空間です。グローバリゼーションの経済過程は、ナショナルな活動の縮小あるいは解体としてゼロサム的に進行するわけではありません。グローバリゼーションは、ナショナルな領域の内部で展開し、国家の法や制度だけではなく、ナショナルに編成されてきた労働市場ならびに人々の生活様式や慣習・規範を含めた諸分野の「脱国家化」と「再国家化」(サッセン)として現れてきています。

†新たな資本蓄積

貿易や投資、あるいは労働力の国境を越えた移動は、資本主義を支えてきた主たる要因であり、多国籍企業による生産の国際化は、資本主義世界経済の姿でした。グローバリゼーションの直接的表現としてしばしば取り上げられる「マクドナルド化」や「マンハッタン化」、あるいは「ヴァーチャライゼーション」、「デジタル化」やＩＴ革命などは、こうした経済の世界化の流れのなかにあります。そしていま、発展途上国をも巻き込む世界的な統合化を前提とし、コンピュータや衛星通信の新しい技術に支えられた、グローバル資本の新しい蓄積メカニズムが現れてきています（スコット・ラッシュ、ジョン・アーリ『フローと再帰性の社会学』、ジグムント・バウマン『リキッド・モダニティ』）。

この新たな資本蓄積そのものはきわめて多面的な過程であり、ここでは次の二点を指摘するにとどめたいと思います。まず、資本がモノやサービスという生産を行う限り、生産設備や労働力という、具体的な場の制約からまぬがれることはできません。しかし巨大な資本力と越境的な活動、ならびにコンピュータや通信技術の発達によって、資本の空間的・時間的制約条件は大幅に縮減しました。グローバル資本は、生産という固定資本の巨大化や国家による規制といった制約からまぬがれる手段を手に入れたのです。このことを、資本のフレキシビリティ（柔軟性）の回復と名づけたいと思います。端的に言えば、資本は、効率性と合理性にもとづいて可変的に移動しうる条件を獲得してきている、ということです。

もう一つは、国家による人間の再生産過程の新たな編成です。資本主義とは、労働力までも商品化した制度ですが、労働力そのものを自らの運動のなかで生産することはできません。それゆえ、資本主義は労働力の再生産を担う家族制度によって支えられてきたのです。さらに労働力の再生産は、国家による介入を不可避としてきました。労働力の再生産とは、人間を労働力として、そして国民として再生産するということであり、具体的には、国家による教育や医療などの政策をさします。

しかしいま、市場化が生命の再生産領域にまで侵食し、さらにグローバル資本による世界的な規模での労働力の調達が可能になるにしたがって、国家的な制約すら薄れるようになってきました。のちに述べるように、グローバル資本は、国家に依存しない労働力の再生産、新しい労働力の調達手段を手に入れるようになってきています。公的空間での生命の再生産という制約を、部分的とはいえ民営化することによって、資本は境界の制約を突破しうるようになったのです。

†グローバリゼーションと具体的な場

資本の硬直性(リジディティ)は、まず労働市場に対して現れました。労働組合を抑えるために移民労働者の雇用を拡大し、企業活動を多国籍化してきたのです。資本が容易に国境を越えるのに対して、労働者は自由に越境できるわけではありません。歴史的にも移民労働者は、労働者の権利を侵害するスト破りなどに利用されてきました。さらに労働市場のグローバル化によって、労働者の地位は侵食されます。特に近年においては、完全雇用政策のもとで制度化されてきた安定的な雇用の体制は、世界的な規模で進行する不安定就業の拡大によって、急速に置き換えられてきたのです。

さらに資本の越境的移動は、グローバリゼーションに対応した制度的なインフラ整備へと、国家政策を向かわせることになります。グローバリゼーションとは国家機構を解体することではなく、そのさまざまな回路は、基本的には個々の国の国家政策を通して実現されます。国家のさまざまな機構や制度が、「民営化」や「規制緩和」あるいは国際会計基準の採用などを通して、グローバリゼーションに適合した体制へと組み替えられていくのです。

グローバルな活動が行われるのは、具体的な場です。国家は、そうした具体的な場のインフラを整備し、維持します。労働市場への国家介入が社会的な安定と秩序を生み出し、必要とする労働力を生産してきました。労働市場が国家ごとに分断されていることが、賃金の国際格差を固定化し、不安定化する雇用に対する安全弁としての機能を果たし、失業者である労働力プールの維持を可能にしてきました。国家によって労働市場が分断されていることこそ、グローバル資本にフリーハンドを与えてきたのです。グローバリゼーションの過程は、国民経済の境界の解消ではなく、その自立性や主権の空洞化を引き起こしているのです。

†グローバル・ドリームと消費社会

グローバル・ドリームは、人々の関心を生産過程ではなく消費に向かわせました。巨大企業や金融資本の世界的な統合化とともに、ますます多くの商品が、必ずしも使用価値、有用性、効用によって測られるのではなく、記号あるいは情報として生産され、消費されるようになります。グローバル・イメージやグローバルな記憶を作り出す映画やテレビ、そしてビデオ、ラジオ、音楽、雑誌、ファッション、ゲーム、スポーツ、ツーリズム、テーマパークなどは、「グローバル・ドリーム」のもっとも典型的な商品形態だといわれます。

これまで、近代の市民社会においては、国民文化や日常性といったある種の共通感覚や共同空間が想像されてきました。それは基本的には幻想にほかならなかったとしても、人々の集合的なアイデンティティの基礎として、あるいは共同性の土台として考えられてきたのです。しかし、国民的な共同感覚といったものはグローバリゼーションの時代においては失われ、人々の日常生活における交流の欠如から政治への不信感の増幅へと至る、大きな変化がもたらされます。グローバル・ドリームはこうした人々のアイデンティティの真空状態を埋め、映画や音楽をつうじた疑似体験こそが公共性やコミュニティの代替的機能を果たす、とされます。

グローバル・ドリームの商品は、地球的規模で展開される宣伝・分配・マーケティングを通じて拡散されます。その典型的な場がコマーシャルやショッピングモール、コンビニエンス・ストアなどです。あるいは近年では、圧倒的にネット上での取引が多くなってきているでしょう。こうした市場は先進諸国だけではなく、発展途上国においても急速に拡がってきています。発展途上国は多国籍企業にとって、安価な労働力を調達しうる場であっただけでなく、いまはもっとも成長が見込める有望な市場となってきているのです。

†資本による資本の創出

かつて企業は商品を生産し、その販売のために宣伝が行われてきました。質的に優れた製品を生産し、コストダウンを図ることこそが企業の競争力を高め、成長をもたらすと考えられてきました。合理性と効率は近代資本主義の原則でした。

もちろん現在においても、技術革新は企業の発展にとって不可欠です。しかしいまや、あるビール会社の社長が言ったように、多くの分野で、企業は生産設備を持つマーケティング会社へと移行しつつあるのかもしれません。商品よりも夢を売るのであり、商品の価格は便利さや効率に対して付けられるのではなく、その記号に対して支払われるのです。

繰り返しになりますが、グローバリゼーションの進展がナショナルな機構や制度そのものを消失させるわけではありません。国民国家を含めたローカルな多様性や境界の存在は、今後もグローバル資本が富を生み出す源泉であり続けるでしょう。

市場経済にとって重要なのは、グローバリゼーションが具体的に展開される場です。そうした場は、世界都市であり、輸出加工区であり、グローバル・ファクトリーです。これらを連結するネットワークは、技術革新によって飛躍的に発展してきました。商品市場から資本市場、さらに労働市場までもがグローバル化するなかにあって、グローバル資本にとって、国境によって境界を厳密に明示する必要はありません。生産拠点はフットルースになっただけでなく、下請け生産によって外部化してきました。極端に言えば、もはや生産活動すら付随的となり、経済活動の中枢は企業活動の管理であり、研究開発とマーケティングなどになります。

財の価値が有用性や利便性ではなく記号にあるとするならば、富が生産過程ではなく、記号の生成過程において生み出される、という逆転が起こります。その典型的な事例は、通信技術とコンピュータ技術の発展が生み出した金融工学の生産する商品かもしれません。

通貨によって分断された金融資本は、金融市場の二四時間化によって、その分断を、富を生み出す源泉へと転化しました。一国の外貨準備高をはるかに上回る資金が世界の金融市場を駆けめぐり、発展途上国だけでなく、先進諸国の政策をも左右するようになってきています。個々の国家は為替相場の安定に努めますが、グローバル化した金融商品は為替の変動によって価値を生み出すのです。

物的な生産過程の両端、すなわち新商品開発とマーケティングにおいて富が生産され、企業活動の中枢は、そうした活動の管理機能におかれます。コンセプトが次々と作られ、資本はそのなかを容易に移動します。固定設備を要する生産過程は、ますます企業活動において外部化され、グローバルな活動に必要なインフラは、国家によって提供されるようになります。資本とはもともと価値を生む富であり、具体的な生産設備を意味するわけではありませんでした。ある意味では、グローバリゼーションはこれまでの時間と空間による制約を克服して、資本が資本を生み出すという資本の本来の姿に近づいてきたのです。

†家事労働の有償化と女性移民

しかし、グローバリゼーションの経済過程は、市場経済におけるフレキシビリティの回復だけではありません。市場経済における合理性と効率性は、これまで資本にとって処理しえなかった生命の再生産の領域をも、部分的に取り込むことを可能にしました。あるいは、ナショナルな領域のなかで機能してきた性別分業が、移民の女性家事労働者の流入によって、グローバルな規模での家父長制として再編されてきています。

資本主義における労働力の再生産が、家族あるいは世帯における女性の無償労働に依存してきたことは、フェミニズムのさまざまな研究のなかで明らかにされてきました。さらに世界経済の周辺部においては、家族制共同体が根強く残存し、再編されて、労働力の価格を引き下げてきました。再生産コストが家族によって担われ、そのことが国際的な賃金格差と国際的価値移転を引き起こし、世界的な規模での資本蓄積をもたらしてきたのです（C・メイヤスー『家族制共同体の理論』）。

同時に生命の再生産は、近代国家によって人々の生存の最低限の保障や教育・公衆衛生といったかたちで社会化されてきました。近代国家は、家族を単位としながらも、公的な教育と衛生システムを通して、国民を再生産してきたのです。そして、労働力が国民として再生産される限り、グローバル資本はナショナルな制約を受けざるを得ませんでした。

女性の賃金労働者化は、歴史的には、家事労働、そして性労働として始まりました。しかし一九六〇年代に、女性の賃金労働者化の急激な拡大が家事労働の有償化と並行して生じたのです。「最後の植民地」としての女性（マリア・ミース『国際分業と女性』）が、資本蓄積のなかに組み込まれたと言ってもよいでしょう。

欧米先進諸国における女性のいわゆる「社会進出」は、これまで私的領域のなかにあった家事労働の市場化を促しました。女性が男性と同じ労働市場へと参入することを可能にしたのは、家事労働の有償化です。先進諸国だけでなく発展途上国を含めて、ケア労働需要の拡大が、有償家事労働の拡大をもたらしました。

グローバリゼーションにおける女性の労働力化は、これまで私的領域であった家族制、核家族を基盤としてきた近代社会における性別分業の変質だといえるでしょう。発展途上国やマイノリティの女性が、生産を担う労働としてだけではなく、世界的な規模で再生産の担い手として再発見されたのです。しかしながら、私的領域の解体は、家事や育児といった家庭労働の市場化だけではなく、公的な再生産領域である教育や衛生への市場原理の拡大をもたらしました。

再生産領域の市場化には、膨大な労働力が、しかも低賃金の労働力が必要とされます。サービス部門の多くは、基本的には海外へ移転することができません。それゆえに、生産のグローバル化が生産拠点の低賃金地域への移転として始まったのに対して、サービス生産のグローバル化は、サービス労働を担う移民労働者の移動として始まらざるを得ませんでした。すなわち、サービス生産のグローバル化は、不可避的にサービス部門に従事する移民労働者の移動を伴うのであり、それはサービス労働を主として担う女性移民の増加として現れることになります。（R. S. Parreñas, *Servants of Globalization*）。

†エッセンシャル・ワークの未来

グローバル資本は、ナショナルな領域性を越えて、生産だけでなく生命の再生産過程をも編成し、これまでの国際分業から国際性別分業へと、グローバルな世界経済の編成原理を根底から変化させてきました。グローバル資本は、国民経済を単位として構成されてきたナショナルな労働編成を突破するとともに、近代社会の基本であった公的と私的の区分をも変型してきたのです。さらに、再生産領域の市場化はこれまでの家族を単位とする社会編成のあり方をも変え、個人単位で管理しうるシステムを創り出しつつあり、そのグローバルな再編を推進してきています。コロナ禍でのワクチン接種証明の義務化は、そのことをいっそう加速するかもしれません。

再生産領域の市場化は、グローバル資本の新たな蓄積基盤を生み出すとともに、そのアキレス腱でもあります。新型コロナウィルス感染症の拡大は、そのことを浮き彫りにしました。

家事労働やケア労働などの再生産労働は、人間の生活を支えるもっとも基礎的な「エッセンシャル・ワーク」です。これまでこうした労働は、しばしば低賃金労働と位置づけられて、多くの国では移民の女性労働者に依存してきました。しかし、シンガポールのように感染対策の一環として移民規制が実施されたところでは、家事や育児を担ってきた移民の移動が制限されることによって、社会的な混乱が引き起こされたのです。

さらにエッセンシャル・ワークの一つとして注目されているのが輸送などを担う労働です。流通手段の目づまりは、輸送に従事する労働者の不足によるものであり、生産に大きな影響を及ぼしています。

コロナ禍が生み出したもう一つの課題は、AIや遺伝子工学などの現代の技術の発展が、再生産領域の諸問題を解決可能かという課題でしょう。医療や教育だけでなく、ロボットによるケア労働や介護労働の試みがすでに始まっています。しかしコロナ禍での孤独の問題は、はたして先端技術によって解決可能でしょうか。それは技術と人間との共存可能性という課題でもあるのです（カズオ・イシグロ『クララとお日さま』）。

第4章　世界都市からグローバル・シティへ

1　国際過剰資本が創り出した都市空間

†暴走するマネー

天文学的な額のマネーが世界市場をさまよっています。かつてケインズは資本主義がマネーゲームに陥ることを危惧しましたが、今日では、彼の生きた時代とは、そして彼が設計にかかわったとされるブレトン・ウッズ体制と呼ばれる戦後世界経済の時代とは、比較にならない規模と質の変化を伴って、巨額のマネーが世界経済を動かしています。

バブル経済の崩壊、そしていわゆるリーマン・ショック（二〇〇八年）以降、経済危機の原因は、貨幣経済が実物経済を振り回していることにあるというのが一般的な理解です。

これを「投機」として批判するのは難しくはありません。しかし、一九七三年の国際金本位制の崩壊から変動相場制への移行により、金《きん》の実物的呪縛から解き放たれたマネーが独り歩きをはじめ、世界市場で行き場を求めてさまよっているのだとすれば、事態はより深刻です。これまで国際過剰資本に対する一定の軛として機能してきたドル為替本位制、IMF・GATT体制、冷戦体制といった戦後世界体制が近年では急速に崩れてきており、巨額の資本の動きがあたかも剝き出しの暴力として現れてきています。

こうした国際過剰資本のもっとも発達した形態が誕生したのは一九九〇年代半ばのことだとされています（板木雅彦『国際過剰資本の誕生』）。大量生産・大量消費の資本主義において、資本はつねに膨大な過剰生産設備を抱えており、もはや生産過程から利益を得ることが困難になってきています。かつては発展途上国への巨額の投資や、多国籍企業の内部に蓄積された在外資本は、新たな金融資本に誘導されて、投資場所を求めて世界中を徘徊《はいかい》することになります。

その結果として、膨大なマネーの流れ込んだ小国がバブル経済に浮かれ、一夜にして債務国へと転落する姿を、私たちはこれまで何度も見てきました。いまや危機の震源はグローバルに拡がってきており、世界市場を動き回る過剰資本の流れが、経済の成長と貧困の極を移動させ、流入先の都市の景観を、そして国家のあり方から人々の生活や規範までも大きく変えてきています。

グローバリゼーションと呼ばれる時代において、国境を越える資本の循環はどのように空間を組み替え、新しい活動の場を創り出そうとしてきたのでしょうか。もはや資本主義は制御不能になってしまったのでしょうか。グローバル資本が創り出す世界を規制し、介入する道は残されているのでしょうか。過剰資本の問題は、いまやコロナ禍のもとで膨大に膨れ上がった財政赤字、通貨政策のコントロールを失いつつある中央銀行、暗号資産（仮想通貨）の台頭といった問題とも重なっており、いまだ出口の見えない課題が積み重なり続けているのが実情です。本章では、資本のグローバルな活動が創り出してきている空間とその具体的な場が抱える課題を、「グローバル・シティ」という概念を通して考えます。

†グローバル・シティという場

巨額のマネーフローが創り出す空間は、ニューヨークのウォール街やロンドンのシティに代表されます。そこでは高度な数学を駆使したデリバティブ（金融派生商品）などのさまざまな金融商品が生産され、取引されています。そしてそれらを生産する人々、それを創り出す装置や機構、サービスがあります。「グローバル・シティ」とは、巨額のマネーが創り出した空間であり、具体的な場なのです。

しかしながらグローバル・シティは、新たな金融資本主義が生み出した単なる空間というわけではありません。これまでの世界都市（ワールド・シティ）と呼ばれてきた空間と同じく、世界の政治や文化の中心であり、世界中から移住してきた人々によって創り出された多様な空間です。企業家や高度専門家、技術者とともに、都市インフラを支える単純労働者、そして留学や国際結婚などで移住してきた人々は、政治や経済だけではなく、社会や文化の重要な担い手でもありました。グローバル・シティには、新しい産業分野の起業家、金融をはじめとするさまざまな企業サービスの提供や高度な知識を持つ多くの人々とともに、その数倍もの膨大な低賃金労働者が必要とされます。

そしていまやグローバル・シティは、金融商品やそのほか企業サービスの生産の場であるだけでなく、世界の最先端の消費の場であり、世界の富裕層を惹きつけるに足る文化とされるものやアメニティが提供される場でもあります。それゆえ、グローバル・シティは世界経済や政治の中心であるだけでなく、多様な文化が交差し新しい文化が生み出される集積地であり、快適な生活が保証される場でなければなりません。グローバル・シティでは、世界最高のレストランやホテル、多くの劇場や美術館などの文化施設、そして人々がくつろげる場所が提供されます。

こうしたグローバル・シティはいかにして形成され、その特質はどこにあるのでしょうか。まずはワールド・シティ（世界都市）とグローバル・シティとの違いについて、みていきましょう。

†資本の越境性

資本に境界はなく、その活動は境界を越えたところから始まる、といわれます。商業資本は、共同体と共同体のあいだ、国家と国家のあいだ、そして大陸と大陸のあいだの価値体系の差異を利用し、それらを結びつけ、一つの近代世界を創り出してきました。

商業活動の拡大は、さまざまな情報を拡散し、生産活動を刺激し、貿易と金融のネットワークを創り上げるとともに、大規模な人の移動を促してきました。国境を越える資本の移動は、世界経済を一つの空間として編成するとともに、その活動が保障された場所を国民経済として組織し、再生産を維持してきたのです。

資本はもともと越境的であり、グローバルなものでした。境界を越える資本の活動は、サービスを含む商品と資本の移動、そして人の移動を伴いながら、既存の空間を組み替え、具体的な場所を編成してきました。編成された場所は境界を越えて連接し、一つの空間を生み出します。しかしながら、それは境界の消失した均質な空間ではなく、そこにはさまざまな分断や亀裂が生み出されています。個々の場においては政治が介入しますし、居住する人々の生活の場があります。

資本が創り出す近代世界の具体的な場は、資本の一貫した論理にしたがって生産され、再生産されてきたわけではありません。国家は、資本が活動できる場を生み出してきたものの、資本自身は労働力を含む自然を生産することはできません。労働力ならびに自然を商品として市場で取引するために、資本は国家を必要としてきたのです。近代資本主義は、単なる市場経済ではなく、労働力を商品化することによって成立したものでした。

個々の場所が歴史的な痕跡を帯びて再編成されるのは、自然を商品化してきたからです(D・ハーヴェイ『ポストモダニティの条件』)。その具体的な場として暗黙のうちに前提されてきたのが国民国家であり、その境界である国境は、他のさまざまな境界とは区別された特別な位置を占めることになりました。

†ナショナルな政治・文化という作為性

しばしば、「経済はグローバルであるが、政治や文化はナショナルである」といわれます。しかしながら、「ナショナル」が特権的な位置を占めるのは、欧米の先進諸国にかぎられたことであり、多くの南の国々では、国家が統合的な権力を掌握できたわけではなく国民形成そのものが不完全でした。

このことは、たんに周辺地域においては、国民国家の境界を固定的に捉えることはできない、ということを意味するのではありません。欧米諸国の国民国家形成が植民地形成と並行して行われ、周辺地域における国家形成は植民地形成として現れたということです。国民国家の境界はしばしば言語の境界と一致すると思われがちですが、周辺諸国では、もともとの言語とともに旧宗主国の言語が流通し、さらに境界においては、交易に必要とされる言語が一般化してきました。

「経済はグローバルであるが、政治や文化はナショナルである」という言い方の背景にあるのは、商品や貨幣は境界を越えて「普遍性」を有するのに対して、言語とともに権力や文化様式などは「地域性」を帯びている、という考えでしょう。「アメリカ政治」「フランス文化」といった言葉にみえるように、政治や文化にはつねに国籍（ナショナリティ）の刻印が記されています。世界経済という語は、たとえば国際金本位制や戦後体制（IMF・GATT体制など）あるいは世界貿易網のような、ある種の実体的な機構やシステムを想定することができますが、「世界政治」や「世界文化」といった語にはどこか違和感がつきまといます。それは、経済活動には境界を越えた近代合理性のもっとも貫徹した形態を見いだせるのに対して、文化や社会においては異質性や差異が強調されるためでしょう。

とはいえ、経済の脱領域化と政治や文化の領域化というのはあくまで相対的なものでしかありません。経済活動が境界を越えて地球的規模での連関を強めるといっても、前章に述べたように、労働力としての国民はナショナルな単位で再生産されざるを得なかったのであり、賃金の国際的な差異は、むしろ境界によって強固に維持されてきました。「国家は資本主義の揺籃であった」と言われるように、国民国家を抜きに近代資本主義を語ることはできません。他方、政治や文化も、ナショナルな単位で構成され表象されてきたとはいえ、国内政治は国際政治と切り離されているわけではなく、文化は情報や人の移動などを通じて境界を越えて相互に浸透してきました。そしてなによりも、政治や文化そのものが国民国家間体制のなかで「発明」されてきたのであり、作為的に境界づけられてきたのです。

†国境を越える標準化

それでも、政治や文化の領域化は、資本の脱領域化に対する場の制約として機能してきました。貨幣や金《きん》に典型的に表れてきたように、商品と国際通貨（貨幣）という世界の共通言語によって資本は容易に境界を越えていきます。それに対して、言語や慣習にみられるように境界に画された場は、資本の活動に対する制約として機能してきたのです。しかし、資本が境界を越えた市場において競争し、国境を越えて動き回れる条件を獲得するにしたがって、境界を作り上げてきた場の制限が次第に失われていきます。あるいは、資本が場による制限から解き放たれる条件は時代とともに変化すると言ったほうがよいかもしれません。そうした制限を画してきた国家も、一方では介入しつつも、他方では資本を惹きつけるためのインセンティブを求められます。国境を越えた政治的、文化的な標準化は、これまでもさまざまな局面で進んできたのです。

グローバリゼーションの時代とは、ある意味では経済だけでなく、政治や文化の脱領域化と再領域化が極端なまでに進行しつつある時代だということができるでしょう。金融商品という極度に抽象化された商品の登場によって、そして「グローバル・カルチャー」や「グローバル・ガヴァナンス」と言われるものの拡がりを通じて、国境を越える標準化が極限まで進みました。そうした動きは、国民経済だけでなく国民文化や国内政治などの、ナショナルに構成されてきた単位を再構成し、そこにさまざまな孔を空けてきたのです。

2　世界都市と労働力移動

†世界都市の誕生

資本によって創り出される場所は、中心から周辺に向かう一方的な権力のベクトルとしてあるわけではありません。西欧諸国による文明化の物語として描かれてきた植民地化の過程は、宗主国における国民国家の形成過程と表裏の関係にありました。宗主国と植民地の文化的な共振関係は、たとえば主権のような国民国家を創り上げてきた装置すら植民地周辺との交渉のなかで生み出されてきたことにも表れています（ジョン・トーピー『パスポートの発明』）。

中心都市の世界性も同じく、周辺都市の世界性とのかかわりのなかで形成され、発展してきました。宗主国の中心都市は帝都として、境界を越えて外に開かれ、植民地と連接してきました。帝都は、通商、金融、輸送などの中枢都市であり、植民都市は、宗主国の経済支配の、そして政治的・軍事的戦略上の重要な場として編成されるとともに、欧米の政治や経済、文化の実験場でもありました。資本主義の初めから都市は世界的であり、帝国主義の時代に、近代の都市は一挙に世界化に巻き込まれたということができるでしょう。

しかし、「世界都市（ワールド・シティ）」という概念が一般化するようになるのは一九八〇年代以降のことです。都市の展開が国民国家あるいは帝都の物語の軛から離れて、世界都市として問題化された背景には、多国籍企業による世界的な統合化が著しく進展し、世界都市という空間が、発展途上国をも巻き込んで展開されるようになったことがあります。点あるいは飛び地としてあった巨大都市は、ビッグビジネスの世界的な連関のなかで大きく転換することになりました。個々の国民経済や資本主義の発展の指標とみなされてきた都市化は、世界経済の統合化を測る指標へと転回したのです。

†多国籍企業と世界都市

多国籍企業は二一世紀の「世界帝国」（Barnet & Cavanagh, *Global Dreams*）と呼ばれ、企業のなかに世界戦略を作り上げ、さらに発展途上国の都市をも、企業活動の最適立地にもとづく空間のなかに取り込むようになります。世界都市という概念が発展途上国の都市を含めて使われるようになり、これまでしばしば「疑似都市化」などと言われた発展途上国の巨大都市化が、改めて問いなおされることになりました。

前章で論じたように、グローバリゼーションと言われるこうした変化が生じたのは、多国籍企業という用語が広く使われるようになり、世界経済の統合化が発展途上国を巻き込んで新たな局面に入った一九六〇年代後半から七〇年代以降のことと言えます。

この時期、ニューヨークやロンドンには多国籍企業の本社が集積し、その関連企業が発展途上国の巨大都市に進出するようになります。アジアなどでのメガシティの台頭を、たんに「過剰都市化」や「疑似都市化」といった議論で理解することはもはやできなくなり、「資本の国際化」や「新国際分業」とのかかわりから取り上げられるようになりました。

直接投資という形態の資本の国際化は、この時期に発展途上国を含めた多国籍企業の世界戦略を生み出していきました。証券投資（間接投資）が利子率によって左右されるのに対して、直接投資は経営支配の拡大を目的とします。しかもここで重要なことは、第一に、これまでの資源産業だけでなく、生産立地の自由度が高い製造業において、企業活動が世界戦略にもとづき国境を越えて展開されるようになったことであり、第二は、その拡大がこれまでの欧米諸国のあいだでの「相互浸透」から、発展途上国を巻き込んだかたちで展開されるようになったことです。

直接投資に初めて着目したS・ハイマーは、多国籍企業とは、世界を視野にした戦略を立てる企業であると定義しました（『多国籍企業論』）。多国籍企業は経営戦略の中枢機能を特定都市へと集中させ、本社機能が集積する先進諸国の大都市には超高層ビル群が立ち並びます。そして生産拠点では世界でもっとも安価な発展途上国の賃金労働者が動員されます。世界都市論では、本社を頂点とする企業のヒエラルヒー図式がそのまま各世界都市のピラミッド型のヒエラルヒー構造として捉えられます。その頂点として挙げられたのが、ニューヨーク、ロンドン、東京でした（S・サッセン『グローバル・シティ』）。

†資本の国際化と国際労働力移動

ここで確認しておくべきは、都市の世界化の展開が資本主義の世界化における変化と密接に関連しているという点です。都市の変化は、そこに集積する企業の機能、金融や企業者サービス産業を中心とする産業構造など、さまざまなかたちで現れます。さらに、都市の景観も、二四時間化と言われてきたような消費パターンやライフスタイルの変化を映し出し、著しい変貌を遂げてきました。そして、世界都市は、世界的な規模での労働市場の再編を反映して、膨大な移民労働者に支えられてきたのです。

発展途上国と呼ばれた地域は、農村人口までも含めて、資本の国際化のなかに組み込まれ、きわめて短期間のうちに都市化を経験することになりました。すなわち、世界人口の四分の三以上を占める発展途上国において、労働力が地球的な規模での生産過程に組み込まれる条件が形成されてきたのです。

サッセンは、資本蓄積の世界的な展開が国際労働力移動を引き起こす型を、次の四つに類型化しています（『労働と資本の国際移動』）。第一の類型は、中心諸国における資本蓄積の周辺への拡張に伴う人の移動であり、一九六〇年代以降の輸出加工区に典型的に見られる、多国籍企業の発展途上国への投資によって引き起こされる労働力移動です。第二の類型は、周辺地域における急激な資本蓄積が移民労働者の流入と結びついて展開した事例であり、新興工業国や産油国の工業化にみられた、周辺諸国からの労働移動を典型例とするものです。第三の類型は、世界経済の中心諸国における急激な資本蓄積が移民労働の流入を促す事例であり、第二次世界大戦後の欧米諸国の高度成長期における発展途上国からの移民労働者の流入がこれにあたります。

これらに対して、第四の類型は、資本主義の蓄積の変型によって引き起こされる現代移民労働の型であり、必ずしも急激な資本蓄積と結びついたものではなく、むしろ「相対的過剰人口メカニズムの機能麻痺」と「新規労働力供給の枯渇」によるものです。簡略化して言えば、前者は高度資本主義における賃金の下方硬直性と言われるもので、失業者の増大が賃金騰貴に対する制限として機能せず、労働市場が柔軟性を失い、産業予備軍としての機能を果たさなくなることです。後者は同じく多くの先進諸国でみられた、農村社会の分解が極限まで進行し、もはや農村が産業への追加的労働力供給源としての役割を果たしえなくなった状況を意味します。端的に言えば、先進資本主義国においては、労働市場の編成が構造的に転換し、労働市場の新たな機能展開の場として、途上国の労働力がグローバル資本によって発見されたのです。

†「移民問題」と労働力の世界的統合

現代の移民は、資本の新たな世界展開に対応したグローバルな労働支配のあり方に適合したものであり、現代資本主義の新しい蓄積様式が移民労働の新しい型を生み出してきたと捉えることができるでしょう。こうした類型化を都市の世界化と連関させると、次のように整理することができます。

一九五〇、六〇年代における欧米諸国の高度成長を可能にしたのは、発展途上国からの大量の低賃金労働者の供給（第三類型）でした。それにより、これまで基本的には移民の送り出し地域であったヨーロッパの諸国は、多くの移民労働者を抱えることになります。これが、ヨーロッパにおけるいわゆる「移民問題」の出発点です。

西欧諸国への人の移動には、かつての植民地からの移民労働者、旧西ドイツのように国家間の条約にもとづくガストアルバイター政策、あるいは東ヨーロッパと南からの大量の難民など、多様なかたちがありました。そして、フランスのようにこれまで多くの移民を抱えた国だけでなく、高度成長を遂げた多くのヨーロッパ諸国において、社会問題であった都市問題や失業問題は「移民問題」であるとみなされるようになります。

西欧諸国への大規模な移民と並行して、発展途上国では多国籍企業による世界的な統合化によって、国内の周辺部農村から都市への、そして近隣諸国から新興工業国への、急激な人口移動が引き起こされました（第一類型と第二類型）。新興工業国（韓国、台湾、香港、シンガポール）だけでなく、バンコクやジャカルタといった東南アジア諸国の都市は、急激な巨大都市化を経験することになりました。

巨大都市化するジャカルタ

製造業という生産立地の自由度の高い産業分野が賃金水準の低い発展途上国へと拡散し、先進国企業の労働集約的な産業分野や単純生産工程は急速に海外へと移転していきます。図式的に言えば、周辺の労働力が中心に移動して高度成長を支え、中心の資本が周辺へと移動して安価な製品を生産したのです。資本は、発展途上国にある無尽蔵な労働力を発見し、労働力の世界的な統合化という条件を利用せざるを得なくなる局面に入ったのです。世界都市は、こうした条件のもとで生み出されました。

†福祉国家体制の終焉

一九七〇年代の二度のオイルショックを契機として、「黄金の時代」と呼ばれた高度成長期が終わり、資本主義諸国は恒常的に大量の失業者を抱えるようになりました。しかし、失業の増大は必ずしも移民労働の減少をもたらしませんでした。ヨーロッパ諸国では新規の移民流入に対する規制が実施されたものの、ストックとしての移民は減少しませんでした。アメリカでは、七〇年代以降、五大湖周辺といったかつての工業地域における失業者の増大と、ニューヨークなど世界都市への移民労働者の流入が同時に起こっています。

先進諸国では、必ずしも急激な資本蓄積や人手不足が生じているわけではなく、大量の失業者を抱えているにもかかわらず、都市サービスとともに、ケアや家事労働を担う女性移民労働者への需要が増加し続けました。南の発展途上国から北の先進諸国への現代の移民労働者は、この第四の類型にあたります。

欧米諸国における高度経済成長の終焉は、永遠の成長神話に支えられた福祉国家体制の終焉でもありました。この時期は、産業構造の変化が雇用構造の変化を引き起こした時期でもあります。産業の空洞化と言われた在来型産業の衰退は、製造業での失業の増加を引き起こし、安定的な職種の減少をもたらすことになりました。しかし他方、都市サービス産業や先端産業などの成長分野での雇用増は、不安定雇用の増加を引き起こします。さらに家事や育児、そしてケアなど、不安定職種の底辺労働を供給したのは、主として女性の移民労働者でした。

したがって、安定的な職種の衰退と不安定な職種の増大こそが、移民労働の流入を引き起こしたといえるでしょう。安定した職に就いていた労働者は、不安定な職には移りたがりません。かくして、かつての産業都市や工業地帯において失業率は上昇し、都市の不安定な就労形態の職種には人手不足が生じます。移民労働者の役割の変化をもたらしたのは、これまでのような絶対的な人手不足ではなく、資本の蓄積メカニズムの変化でした。もはや資本主義は、恒常的な安定雇用の労働力によるのではなく、非正規就業労働力を大量に雇用することによって資本蓄積を行いつつあります。いわば、安定雇用の時代の終焉であり、このことをロバート・ライシュは、「福祉貧者」から「就労貧者」への移行と呼んでいます（『勝者の代償』）。

†グローバルな産業予備軍プール

景気調整への対応に必要な労働力は、海外を含めた労働力予備軍のプールから調達されます。いわゆる産業予備軍の外部化と新規労働力供給のグローバルな展開です。このことはきわめて重要な意味をもちます。第一には、世界的な規模における労働力価値の低下です。労働力の再生産は、国家が果たすもっとも重要な経済的機能の一つであり、近代国家は、教育や医療を通じてその役割を担ってきました。失業者のプールとしての産業予備軍は、社会政策などを通じて、さらには福祉国家政策によって、最低限の生存を制度的に保障してきたのです。

しかし、国民経済の外部における無尽蔵の労働力プールの利用可能性が開けたことによって、すなわち産業予備軍がグローバル化したことによって、国家による生命の再生産への介入は限定されることになります。これは福祉国家的な社会保障政策の後退を意味します。グローバルな労働予備軍は、たんに周辺からの低賃金労働力供給だけでなく、中心における労働力の価値低下をも引き起こしてきました。言うなれば、賃金の最低基準が国内経済ではなく、グローバルな圧力で設定されるようになったのです。これをネオリベラリズムの浸透であり、世界的な規模での労働力の価値低下とみることもできるでしょう。

†「就きたがらない職業」

産業予備軍の外部化と新規労働力供給のグローバルな展開がもつ第二の意味として、先進諸国において国内（国民）労働だけでは維持できない職種が大量に生まれ、移民労働力なしでは国民経済が成り立たなくなってきたことが挙げられます。しばしば「(国民の)就きたがらない職業」といった言葉で表現される職種があります。しかし、あらかじめ本質的に就きたがらないような特定の職種があるわけではなく、賃金の低さや社会的地位の不安定さ、不安定な労働時間といった要因によるものであり、福祉貧困ではなく就労貧困の問題です。

こうした不安定な職業群は、これまでの中小規模の企業や建設業などの衰退的で季節的な職種に限定されるわけではありません。先端的な産業分野や成長の著しい分野においても、データ入力やシステム管理などの業務が大量に出現してきています。すなわち、情報通信産業や都市サービス産業において、それを支える単純作業工程や、高度専門家にサービスを提供してきたサービス業種などは、じつは低賃金の不安定な職種の担い手に大きく依存しています。新しい成長産業分野として出現してきた産業が、新しい不安定就業層を大量に生み出してきたのであり、このことが所得格差の拡大を加速してきたのです。これら産業が立地するのは大都市であり、大都市へと移民労働者は流入し、空洞化した旧産業都市に失業者は取り残されることになります。

†発展途上国における農村社会の解体

第三の意味としては、発展途上国において、経済成長がかえって農村社会の分解を急速に推し進めて、より多くの潜在的な移民の増加を引き起こしてしまうことがあります。アメリカでは移民規制策として、しばしば移民送り出し国への援助の拡大や企業進出の促進策がとられてきました。しかし、こうした政策は、発展途上国における農村社会の解体と都市化を促し、政策目的とは逆に、潜在的な移民予備軍を増やしてきました。事実、発展途上国の産業化と移民労働者の増加は比例してきたのです。

先進国企業の発展途上国への進出や消費文化は、発展途上国の農村社会まで浸透し、これまでとは比較にならない規模での人の移動を引き起こしています。発展途上国において無尽蔵の労働力供給の状況が生まれ、巨大企業はそれを利用できるようになりました。これは、世界労働市場と呼びうる労働市場が現実化したことを意味します。資本は、一方では生産活動のグローバルな展開によって、他方では移民労働者流入を通じて、この世界労働市場を利用せざるを得なくなってきています。先進国に流入してきている移民労働者は、そうした世界労働市場の、いわば氷山の一角にすぎません。その底流には膨大な世界的な規模での移民の流れがあるのです。

†有力な商品としての労働力

第四に、発展途上国と呼ばれる国々では、労働力こそがもっとも国際競争力を持つ商品となったことがあります。かつて発展途上国は工業製品の原材料や食糧などの一次産品の生産・輸出国でしたし、基本的にはいまでもそうです。しかし、一九六〇年代から七〇年代にかけて、多国籍企業は発展途上国を含めた生産の世界的な統合化を達成し、発展途上国は世界市場向け製品の生産の場となり、世界的な生産連関に全面的に巻き込まれました。さらに発展途上国は膨大な移民労働者を送り出すようになり、労働力こそがいまやもっとも国際競争力を持つ商品として発見されたのです。低賃金労働者を抱える発展途上国政府の多くは、国家的な制度として、労働力の送り出し政策をとることになりました。

労働市場のグローバル化とは、周辺地域の低賃金労働力を生産過程に巻き込むだけでなく、労働力供給が国境を越えて調達可能となり、労働力が商品として移動することを意味します。発展途上国では、移民送金は家計維持の手段であるとともに、もっとも重要な外貨獲得手段です。欧米先進諸国から発展途上国まで、都市は世界都市化しない限り衰退するという強迫観念に囚われてきました。発展途上国の中心都市には、ニュー・リッチといわれる中産階級が台頭するとともに、インフォーマル・セクターと呼ばれる経済活動が拡大し、広大なスラムを形成してきました。グローバル化した労働市場において、格差はグローバルに拡大しているのであり、世界都市には、中心のなかに周辺が、周辺のなかに中心が生まれているのです。

3 グローバル・シティ――富と貧困の交差する場

†空間としてのグローバル・シティ

これまで見てきたように、巨大企業の世界的な統合化による世界都市化は、均質な空間を創出するような単線的な方向で進行してきたわけではありません。発展途上国を包摂した一九六〇年代後半から七〇年代、そして国際余剰資本による金融支配の拡大した時期、さらに富と貧困が交差する未曾有の経済格差や移民・難民の激増がナショナリズムを喚起してきた二〇世紀から二一世紀へと転換するなかで、グローバル・シティも変化してきました。

少なくとも、今回のパンデミックが拡大するまでは、グローバリゼーションの過程において、領域と国家との暗黙の一致を前提としてきた近代の枠組みが大きく転換しつつありました。国家間関係として構築されてきた近代世界の時間と空間は組み替えを迫られ、領域性を支えてきた近代世界の制度や機構は根底から変型しつつあったのです。

関係性のなかで構築される社会的生産物として空間を捉え、「歴史」の折り重なりによって生み出されるものとして描こうとするならば、「空間の均質化、断片化、序列化」という性格を、「均質化すると同時に断片化された空間」（アンリ・ルフェーヴル『空間の生産』）として、国境を越えた規模で捉え返す必要があります。その際の基点の一つが、「世界都市」とは区別される分析概念としての「グローバル・シティ」です。グローバル・シティとはたんに世界都市の延長にあるものではなく、いま起こりつつある変化が投影され、断絶あるいは亀裂が表された場であり空間です。

†世界都市との相違点

すでに述べたように、世界都市の階層化は、しばしば多国籍企業の企業ヒエラルヒーを反映してきました。本社を頂点とする企業組織の地理的配置は、巨大企業の本社が集積する世界中枢都市を頂点とする世界都市の階層序列に一致します。それゆえに、都市はピラミッド状の階層序列をいかに上昇させるかを、国境を越えた諸都市と競いあうことになります。都市は、輸送や通信などのハード面だけでなく、環境や文化などのソフト面を含めたインフラストラクチャーを整えて、企業を誘致しようとしてきました。

世界都市は、国境を越えた都市間競争のレースのなかに置かれてきたわけです。現代の世界都市の多くが、今日においても、このような都市間競争にさらされていることは疑う余地がありません。情報インフラ、航空網や輸送システムのハブ機能など、つねに最先端の設備を求められ、都市の命運を左右することになります。さらに世界都市には、世界から優秀な頭脳を集めるためのさまざまなアメニティが整えられます。グローバル・シティと呼ばれる都市もその例外ではありません。

しかし、必ずしも世界都市の延長上にグローバル・シティがあるわけではありません。多国籍企業の本社は必ずしも中枢都市にあるわけではなく、またある必要もないのです。情報通信の発展は、逆に企業活動の分散を可能にしてきたのであり、本社機能すら中枢都市から離れた場所におかれる場合があります。このことは、世界経済を支配する中枢機能が著しく専門分化し、これまでの本社機能といった概念では捉えきれなくなってきていることを意味します。世界経済の統合化の新たな局面に入ったと言い換えてもよいかもしれません。こうした変化を表しているのが、世界経済をコントロールするための企業者サービスや金融機能の構造的な転換であり多様化です。

†三つの特徴

このことに注目したのがサスキア・サッセンでした。彼女はグローバル・シティを次のように規定しています。

世界経済の現局面において、グローバル・シティは、経済活動のグローバルな分散とグローバルな統合とを結びつけるものである。グローバルな統合によって、経済的な所有と支配の集中が続くなかで、ある特定の主要都市に戦略的役割を担わせてきた。これら都市こそ、私がグローバル・シティと呼ぶものである。グローバル・シティと呼ばれる都市のなかには、何世紀にもわたって世界貿易や金融のセンターであったところもある。しかしこうした長期にわたる機能を越えて、今日のグローバル・シティは次の三つの特徴を持っている。第一は、世界経済の組織における命令機能、第二は、現代の主要産業である金融と企業向けの特別なサービスにとって鍵となる場所であり市場であること、第三は、これら産業の主要な生産の場であり、これら産業の技術革新が行われる場であること。……グローバル・シティは、単独では成り立ちえない

(*Cities in a World Economy*)。

ここでは、彼女の規定を参照しながら、新しい理論的な射程という観点から、グローバル・シティという空間の具体的な場としての特徴を、三つのレベルに分けて整理しましょう。すなわち、グローバル・シティとは、第一は、グローバルな統合を結びつける戦略的な役割を担う場であること、第二は、これまでの世界都市の長期にわたる機能を超えて、新しい特定の機能が行われる場であること、第三は、単独で成り立つものではなく、ネットワークとして形成される場であること、の三点です。

†グローバル・シティの戦略的役割

第一の特徴が意味するのは、グローバル・シティが世界経済の中枢的な命令機能、金融・企業サービスの機能を有する結節点である、というだけではありません。それはグローバリゼーションという資本主義の新たな局面に照応した世界統治の新しい機能を創り出しているのであり、越境する市場化によってもたらされた富と貧困の累積する場として再編されたものだということです。言うなれば、グローバル・シティは、世界の富と世界の貧困が交差する場として、グローバルな経済的・政治的そして文化的な機構が働く場として、戦略的に創り出されているのです。

グローバル・シティは、企業活動のグローバリゼーションを支える諸サービス商品の生産、金融商品という新しい商品の出現によって、新たな局面に入りました。複雑化し、多様化した世界をコントロールする能力を生産する機能が集積する都市として、グローバル・シティは組み替えられてきました。こうした商品の生産には、きわめて高度な専門的能力と膨大な情報が必要となり、それらを扱う数多くの企業群が集積しています。

さらに、それはこれまでのような巨大多国籍企業の本社機能の集積というわけではなく、そこでは次々とヴェンチャー資本によって新しい企業者サービス商品や証券化された商品などが作り出され、世界市場に向けた新しいファンドが生み出され、そこに巨額のマネーが流れ込んでいます。グローバル・シティでは、従来の国際法や慣習を超えた、国家主権を超えるルールが創り出され、ナショナルの匂いが脱色されたグローバル・カルチャーが生み出されます。市場化したグローバルな統治システムが生産され、取引される場なのです。

しかし、膨大な情報や巨額のマネーが商品として生産されるには、具体的な場での人間の労働が必要です。それを生産する高度な専門能力を持った人を世界中から集めるには、高度なアメニティが提供されなければなりません。そしてなによりも高度専門職の人々の生活を支える、単純な低賃金労働力が供給される必要があります。一人の高度専門職は、その数倍もの単純労働者を必要とするとも言われます。言うなれば現代の富を生み出すシステムが構築される場として、グローバル・シティがあるのです。

このコロナ禍において、発展途上国からの家事労働者やケア労働者の移動も制限されました。そのために、海外からの移民女性労働に依存していた国々においては、経済活動がストップしました。また日本で最低賃金以下の労働力の確保のために、技能実習生の労働者の受け入れ再開にもっとも熱心に動いたのは、こうした低賃金単純労働に依存してきた中小規模の企業群でした。

グローバル・シティの行方を決めるのは、資本の論理にしたがって編成されるヴァーチャルな空間の統合のあり方だけではなく、そこで生活を営む人々です。一日に数兆ドルもの資金がうごめき、ほんのひと握りの人々が天文学的な所得を得る世界において、それを支えているのは膨大な低賃金労働者であり、その多くが移民労働者です。世界で最高の所得を持つ人々と現代の貧困ともいえる非正規労働者が共存する、世界的な規模での豊かさが世界的な規模での貧困を生み出すところにグローバル・シティの重要な課題があります。

†企業者サービス・金融機能

第二の新しい特定の機能とは、言うまでもなく、新しい企業者サービス・金融の中枢機能です。一九六〇年代後半から始まった生産過程の世界的な移転は、グローバルな企業の経営管理機能の世界都市への集中を促してきました。しかし、一九八〇年代後半から世界都市は、大きく変貌を遂げるようになります。世界経済の中枢機能には、多国籍企業のグローバルな管理支配機能やそれを支える企業者サービス機能に、新しい企業者サービス・金融商品の生産機能などが加わります。金融の規制緩和によって台頭してきた新しい金融資本は、これまでの伝統的な銀行業務としての役割だけではなく、数兆ドルに達する膨大な過剰資本を運用する投資銀行へと代わり、ヘッジファンドなど金融工学にもとづく新しい金融商品を生産する企業群へと変貌しました。そしてそうした金融商品の生産にかかわる新しい企業者サービス群が台頭してきたのです。

高度な数学にもとづく金融工学は、デリバティブをはじめとした大量の金融商品を創り出してきました。産油国や旧社会主義圏だけでなく、発展途上国の支配層まで含めた巨大な過剰資金が世界経済の中枢都市へと流入します。新しい金融商品の生産と取引の場として、世界都市は変貌してきたのです。金融機能の中枢にあるのは、かつての伝統的な巨大多国籍銀行ではなく、数多くの金融機能を営む多くの企業群によって構成されるオフショア市場であり、多くの企業集団が集積する世界的な「金融センター」です。

†連結された空間としてのグローバル・シティ

第三の機能とは、グローバル・シティが、これまでの都市間競争としての世界都市としてではなく、世界都市間のネットワークによって構成される場として再構成されることです。言うまでもなく、これまでの世界経済の中心であったニューヨークやロンドンの重要性が低下したのではありません。これら二都市は、いまなおグローバル・シティの中枢です。しかしここで注目すべきは、サッセンが「グローバル・シティは、単独では成り立ちえない」と指摘している点であり、さらにグローバル・シティに東京を加えた積極的な意味です。

東京をグローバル・シティに数えることには異論もあります。しばしばバブルに振り回された都市として東京が挙げられますし、東京がニューヨークやロンドンに匹敵する「国際金融センター」の形成に失敗したことは、改めて指摘するまでもありません。ロンドンやニューヨークには金融をはじめとする膨大な生産者サービス機能が集積し、世界経済をコントロールするノウハウを蓄積してきました。こうした世界経済を支配する権力が、イギリスやアメリカの歴史的なグローバル・ヘゲモニーと結びついてきたことは、容易に推察できます。

それに対して東京は、「非ヘゲモニー依存型」の「成り上がり」世界都市であったと評されます。単なる資金供給の地位に低落した東京は世界経済の中枢都市の地位を失ったとされるのです（町村敬志「グローバリゼーションと都市空間の再編」）。

しかしながら、サッセンがグローバル・シティに東京を加えたのは、これまでのヘゲモニー都市の延長ではなく、アジアに位置する東京を加えることによって、専門特化したグローバルな諸機能のネットワークにもとづく水平的な連関が作り上げられてきたことを重視するためでしょう。言い換えるならば、東京に代表されるような非欧米地域を加えることによって、初めてグローバル・シティは完成するのです。

グローバル・シティは、単独で存在するのではなく、他のグローバル・シティと高度な通信網によるネットワークで連結された空間として機能します。そこでは、世界経済をコントロールする能力が生産され、まさに富が創り出されています。それは無限の記号商品を次々と生産し、流通し、消費し続けるヴァーチャルな空間でもあります。これは、これまでのような国民国家間関係によって構築された統治という枠を越えた、世界経済の新しい統治機能と言うことができるでしょう。

ヴァーチャルなグローバル空間は、膨大な過剰流動性を抱えた金融資産の動きによって変動するようになり、経済のグローバリゼーションは、たんに多国籍企業や多国籍銀行のグローバルな統合化あるいはグローバルな管理能力（グローバル・コントロール・ケイパビリティ）だけでは論じられなくなってきました。八〇年代から九〇年代の国際金融危機は、その表れです。金融の新しい商品が生産される場としてのグローバル・シティは、数多くの金融関連サービス企業の集積によって構成される金融センターとそのグローバルな統合能力がグローバルなネットワークによって結びつけられ、再編されることで生まれました。

しかしこのような変貌は、たんにこれまでの世界都市の中枢機能から現出するものではなく、さらに都市の階層化した機能から導き出されるものでもありません。むしろ、地政学的に分散した都市機能のあいだで、機能的な分業を高度に結びつけうるような都市ネットワークが必要とされることになります。それは、これまでのような垂直型ではなく、水平に連関する都市ネットワークの構築です。二四時間化した世界市場に典型的に示されるような、世界的な経済機能の分散を統合する機構と言い換えることができます。

国際金融センターの構築に失敗し、世界労働市場からの低賃金労働者の流入を制限し続ける東京は、他方では経済発展を続けるアジアの中枢都市の一つであり、膨大な金融資産を供給し続ける都市でもあります。東京には膨大な情報が集まり、高度な企業者サービス機能が集積し、十分とは言えないものの高度な金融機能も、香港やシンガポールとの分業のなかで果たしてきています。これまでの世界経済のヘゲモニーとは異なる類型として、東京はグローバル・シティのなかに組み込まれてきたのです。

†グローバルな貧困の配分

グローバル資本が吸着する場としての世界都市がグローバル・シティであるとするなら、そのネットワークは通信網などのインフラストラクチャーの整備された空間であり、ヴァーチャルな網を通じて世界的に拡がっています。また、ニューヨークやロンドンの金融センター機能も、決してウォール街やシティだけで成り立っているわけではありません。グローバル・シティのトップにある金融センター機能を支えているのは、世界各地の中枢的な都市やタックスヘイブンと呼ばれるブラックボックス的な地域であり、なによりもほんの数ブロック離れた移民街に住む膨大な貧しい労働者群です。

二〇〇八年のリーマン・ショックの経済危機において金融機関や巨大企業に多額の公的資金が投入されたことへの強い批判がなされ、さまざまな反グローバリズムの運動が展開されました。グローバル・シティの脆弱性も明らかになり、その暴走に介入する余地も指摘されてきました。

グローバリズムに対する人々の意思を表現する手段や場は与えられており、人々は、さまざまな運動を通して、都市開発や移民政策、経済援助や企業進出へと介入できます。さらに最近においては、労働者への最低限の住宅の確保、医療や教育の切り捨てに対する抵抗なども挙げることができるでしょう。ここに、グローバリゼーションと呼ばれる時代において民主主義を活性化する道があるのかもしれません。

金融危機の影響は、女性労働者や移民労働者においてより深刻なものとなります。彼ら・彼女らにとって、不安定な雇用はいまに始まったことではなく、女性労働者はつねにそういった不安定な位置に置かれてきました。移民労働者は不安定なだけでなく、往々にしてセーフティ・ネットの恩恵にあずかることすらできません。さらにこうした危機は、グローバルな拡がりを持って展開しており、発展途上国の周辺地域では、少ない富の配分をめぐる地域紛争をより激化させています。

社会科学は、貧困を社会政策として問題化してきました。また、経済学はしばしば豊かさの分配をテーマとします。しかしいま問題となっているのは、貧困のグローバルな配分です。世界中の人々の生存を保障する平等な政治システムはどのように可能なのか。そして世界的な規模での労働力の価値低下にいかに歯止めをかけることができるのか。これはきわめて困難な課題です。しかしそこに思想が及ばない限り、反グローバリズムの思想は、ナショナリズムを覚醒させるだけに終わるでしょう。

マジョリティがセーフティ・ネットに守られて安定的な雇用を享受する時代は、形式的にも実質的にも終わったのであり、もはや福祉国家体制に戻ることはできません。労働市場のグローバル化に対応した介入の方法は、そして日常の生活を守る方法は、グローバルな思考のなかからしか生まれないのです。

第Ⅱ部

移動とは何か

メキシコ・アメリカ国境の壁によじ登る人びとと、監視するヘリコプター
（2018年11月、メキシコ・ティフアナ、AFP=時事）

第5章

移動のなかに住まう

1　近代国家と移動

†移動という経験

いまだからこそ見えてくることがあります。これまでも、人々は居場所を奪われ、あるいは希望を抱いて、移動し続けてきました。放浪はロマンとして語られ、安住の地は人々の夢であったかもしれません。移動のなかに時代や社会の変化を読み解こうとしたのは社会科学者であり、人々の人生や葛藤を描いてきたのは作家たちでした。移動という経験は、しばしば人々が抱える不安や希望と重なって現れます。そうした移動という経験を読み解くことによって、国民国家の揺らぎや共同性への羨望など、現代が抱える課題を明らかにすることができるかもしれません。

人の移動は、人間の営みのなかで重要なテーマの一つとみなされながらも、これまで政治学などにおいても副次的な関心しか払われてきませんでした。その理由は、移動が非日常の特別な出来事だと考えられてきたからでしょう。しかしいま、自分の在るべき場所を失ったという感覚が人々を捉え、多くの人々にとって、移動が日常的なリアリティをもって受け取られるようになってきています。パンデミックによって移動が制限されるいま、人の移動は、これまで暗黙のうちに前提にしてきた日常のなかの場所を読み解く鍵概念の一つとなってきています。

人はさまざまな理由から境界を越えて移動します。グローバル化した世界において、どこかに住まうことと移動することとの境界はますます曖昧になり、定住と移動とは截然と分けられるものではなく、両者は相反するものではないということがみえてきたのです。たとえば、人類学者のジェームズ・クリフォードは「旅のなかに住まう（dwelling in traveling）」という独特の表現を用いつつ、「人間の場所が静止と同じくらい転地（ディスプレイスメント）によって構築されている」ことに注目してきました。移動と場所との関係というのは、自明なものではないのです。

ところが社会科学は国境を越える人の移動を、その対象に応じて、移民や移住者、外国人（労働者）、難民といったさまざまな言葉で表してきました。観光やビジネス、留学や結婚など、人が移動する動機は多岐にわたります。しかしこれらの分類にはしばしば移動を管理しようとしてきた政策の、そして研究者の作為がつきまとい、移動する人たちを的確に表すものではないように思われます。

近代と呼ばれた時代は大規模な人の移動で始まります。国民国家と植民地が世界中に拡がった一九世紀には数千万人の人々が大西洋や太平洋を渡り、二一世紀の現在（二〇二〇年時点）では、およそ二・八億人の人々が生まれた国を離れて生活しています。あくまでこれは統計で把握されている数であって、本当はもっと多くの人々が越境しているでしょう。そして、この二・八億人というのは世界人口のたった約三・六パーセントにすぎないとみることもできます。もちろんこれは、あくまでも既存の国境を単位とする数字でしかありません。

膨大な人々が移動した近代の歴史は、他方では、人々が国境に画された国民国家に囲い込まれ、あるいは想像としての国民国家に拠りどころを見いだそうとしてきた時代でもありました。国家による移動の制限と移動の自由が、さまざまな移動のかたちを生み出してきました。しかし人の移動の管理は、商品や資本の移動の管理とは大いに異なってきたのです。

†なぜ移動に注目するのか

いま移動が改めて問われる第一の理由は、近代における国民国家という統治体制の揺らぎや変容が、現代における人の移動を通して映し出されてきたからです。国民国家という共同体は、移民の国であるか否かにかかわらず、人の移動によって創り上げられてきました。しかし現代においては、国民国家の動揺が膨大な規模の人の移動を引き起こし、共同体に亀裂を持ち込み、国民国家の根幹を侵食しつつあります。人の移動という視点を導入することで、これまで国民国家の揺らぎや植民地体制の崩壊と言われてきたものを新たな観点から読み解くことができるでしょう。

しかしいま、移動が改めて焦眉の課題として注目される第二の理由は、グローバリゼーションと名づけられた時代のなかで、移動が場所という問題を照らし出してきたからです。人々が場所という感覚を失い、場所の問いなおしが移動への関心を引き起こしています。そこから、移動から場所を問いなおすことへの関心も高まってきているのです。

国民国家の揺らぎ、そして故郷の喪失がいわれるときに、そこで人々が抱える課題とは、「戻るべき場所」あるいは「在るべき場所」が失われてきているのではないか、という不安です。そしてこうした場所の「喪失」は、いわゆる先進諸国だけではなく、発展途上国にも拡がっています。グローバリゼーションの時代に、世界的な規模での人の移動を通して、場所の喪失が拡大してきたのです。

世界に共通した課題として、格差や貧困がもっとも重要な社会問題として取り上げられ、コミュニティの再興や社会の復権が重要なテーマとなってきました。日本においては、「無縁社会」や「孤独死」が3・11を契機に大きく取り上げられ、コロナ禍のいまは家族がふたたび脚光を浴びています。将来に希望を持てないとされる若者のキーワードの一つは「漂流」です。欧米諸国においても、家族の崩壊あるいは変質、地域コミュニティの解体が叫ばれ（ロバート・D・パットナム『孤独なボウリング』）、非ヨーロッパ系の移民の増加に対抗したエスノセントリズムが高まっています。

ネオリベラリズムの浸透による世界的な不況の長期化と雇用の不安定化は、先進諸国の社会構造を大きく転換してきており、グローバリゼーションへの不安はコミュニティへの渇望を生み出してきました。これらは、福祉国家や社会民主主義的な政策体系をとってきた欧米諸国が共通して抱える課題でもあります（ジグムント・バウマン『コミュニティ』）。

欧米諸国での社会不安はより増幅されて、世界全体の大きな問題となっています。発展途上国においては、市場化の浸透するなかで、土地などの基本的な生存手段を奪われた人々が大量に都市へと流れ込み、メガシティのなかに巨大なスラムをつくってきました。

さらに、権益や利権をめぐる地域紛争と大国の介入は、国外における「難民」とともに国内における膨大な「避難民」を生み出してきたのです。発展途上国では、しばしば武力紛争だけでなく、国家やグローバルな資本によるスラム・クリアランスなど、いっそう暴力的なかたちで、生まれ育った場所が容易に簒奪《さんだつ》される状況が日常化しています。グローバリゼーションの時代においては、社会的な不安もまたグローバル化しているのです。

グローバリゼーションと呼ばれる変化は、近代世界を支えてきた秩序体系を表す定住のあり方も大きく変えてきました。しかし、定住が当たり前になったのは、じつはそれほど昔のことではありません。国民国家という境界にもかかわらず、近代は絶えざる人の移動を経験してきたのであり、いまという時代から、近代における移動を改めて問いなおすことができます。共同体の軛からの解放を祝福し、自立した個人を礼賛してきた近代という時代は、他方では、たえず失われた共同性への羨望に満ちあふれていました。いまさまざまな局面で台頭しているコミュニティやナショナルなものへの期待は、移動という観点から読み解くことができるのです。

†近代国家と国境管理

移動を取り上げる第三の理由は、現代の移民や難民問題といわれる課題の歴史性にあります。近代という時代が人々を国民国家のなかに囲い込んできたとしても、国民国家への包摂と越境する人の管理が、近代国家のなかで絶えず課題となってきたわけではありません。

実際、近代国家形成の初めにおいては、境界を越える人々の出入国の管理や国民と外国人を差異化する制度などは比較的緩やかなものでした。それらを国家主権として一元的かつ厳格に管理するようになったのは、二度の世界戦争とそれらを挟む戦間期のことです。総力戦体制期とも呼ばれるこの時期に、パスポートの制度化や国境警備の厳格化によって、国内の移動と国境を越える移動は厳格に区別されるようになります。これをきっかけに国民と領土とが厳密に一義的に結びつけられ、国民国家が要塞化し、国境を越える移動が特別な移動として経験されるようになったのです。

いまという時代が抱える諸課題の淵源への関心、二度の世界戦争が現代という時代にもつ意味への関心の高まりは、現代を解き明かす出発点です。二度の世界戦争は、戦争のあり方を変えてきただけでなく、植民地をも巻き込んで、近代という時代、そして定住のあり方、移動のあり方を変えてきました。「戦争と移動」という課題が、改めて「国家と移動」、そして「在るべき場所」と結びついて問題を提起してきています。さらに3・11によって強制的に移動させられた人々の経験は、日本の敗戦直後のさまざまな移動経験とも重なって表れてきています。

このようにどこか定まった場所に住まうことが、さまざまな状況のなかで人々にとっての常態ではなくなりつつあり、移動が改めて場所という問題を提起するようになっているのです。

†「非移民国」という神話

では、そうした場所、「戻るべき場所」というのは、どのように創造されたのでしょうか。戻るべき場所を求めるということは、何を意味するのでしょうか。こうした問いは、第二次世界大戦後において、国民（ネイション）そして国民国家がどのように再編されてきたのかを明らかにするものです。近代に通底する場所という課題が、国民国家と植民地主義が溶解するなかで、改めて問われています。

移動というテーマに関して戦後日本を取り上げる意味というのは、まさにこの点に関わります（第8章）。それは、一つには「日本は移民の国ではない」という暗黙のコンセンサスがあったことによって、移民研究と呼ばれてきたものの空白部分が逆に見えてくるのではないか、という期待です。これまで移民にかかわる多くの研究は、移民国であるアメリカやカナダなどを参照軸に考えられてきました。しかしいまや移民国／非移民国という区別はあまり意味を持たなくなってきています。かつて移民受け入れ国であったブラジルなどの南米諸国は、いまや多くの移民を送り出しており、かつて移民の送り出し国であったヨーロッパ諸国は、いまは移民や難民の受け入れ国です。

そして改めて言うまでもなく、日本が非移民国であるというのは神話にすぎません。日本は移民を公式には認めていないものの、いまや多くの外国人が居住する国です。むしろ日本は移民国ではないという神話が蔓延しているからこそ、いわゆる移民国を基準とした研究では見えてこなかった課題、隠されてきた論点が見えてくるのではないか、とも考えられます。移民研究なるものはアメリカから輸入されたものですが、そこで看過されてきた論点を、日本の事例から見いだすことができるかもしれません。

日本を論じるもう一つの理由は、日本の戦後政治がこれまでの移民の歴史を忘却してきたことにかかわります。第二次世界大戦前において、多くの日本人が海外に居住し、そして朝鮮半島をはじめとして植民地からの多くの人々が日本で生活していました。戦前の日本がいわゆる「多文化社会」であったことは、多くの人たちによってこれまでも指摘されてきたことです。

しかし世界大戦の敗北は、その後の日本の世界とのかかわり、そして知の枠組みを決定的に変えることになりました。人の移動に関してもそのことは言えます。そもそも異質な他者を管理するための学としての移民研究は、植民地主義の時代の人の移動とは断絶してきました。日本での移民研究への関心はそのことを典型的に示しています。一九八〇年代になって初めて、いわゆる「外国人労働者」の受け入れの是非をめぐって論争が展開されたものの、それは第二次世界大戦前の移民の歴史を忘却あるいは隠蔽することによって行われたものでした。ここで念頭にあるのは中国や植民地へのいわゆる植民です。しかしそれだけでなく、第二次世界大戦後の大陸などからの「引き揚げ」や朝鮮半島への「帰国事業」は人の移動としては捉えられることなく、「非移民国」という政策を創り上げる装置として機能したのです。

それはたんに政策的にそうであったということではありません。このことはむしろ第二次世界大戦後の日本における国民国家の再形成が、移民の忘却や消去のうえに行われたことを意味します。外国人労働者と呼ばれる存在が日常化し、グローバルな標準化のなかで外国人の人権が焦眉の課題であるにもかかわらず、移民の受け入れの是非をめぐる議論は、日本においてまともな政治課題として論じられることはありません。これは単なる政治の問題だけではなく、社会あるいは知的状況の問題なのです。第二次世界大戦後の時代というのは、こうした状況を生み出した起点として再検討する必要があります。

2　移動は何を語るか

†多文化主義と日本

そもそも「移民」とは誰のことでしょうか。そして「移民」の何が問題とされるのでしょうか。この言葉は曖昧であり、これまでも移動する人、移住者など、さまざまな語が使い分けられてきました。「移動」は、英語では、migration や mobility と一般的に表記されます（最近では、ある種の意味を込めて、displacement あるいは dislocation などが使われ、displaced person や diaspora といった用語が用いられることもあります）。こうした用語の使われ方そのものが歴史的であるとともに、一定の立場や思想を反映してきました。

移動する人々を「移民」や「難民」あるいは「外国人労働者」、「一時滞在者」、「永住者」、さらには「ビジネス」、「観光」などと分類してきたのは、移動する当事者ではなく、受け入れ国家の政策であり、それを対象としてきた研究者でした。そして「移民問題」とは、当事者から発せられたものではなく、受け入れ側から発せられたものでした。

そうした分類や研究は、近代における国民国家の形成ならびに再編と深くかかわってきました。移民研究は人の移動を国民国家という枠組みで捉えようとしてきたことによって、「移動とは何か」というもっとも基本的な問いを覆い隠してきたのではないかと私は考えています。受け入れ社会の観点から移動を捉えてきたこれまでの政策ならびに研究の作為性こそが、現在における大規模な人の移動にかかわる諸課題の把握を困難にしてきたのではないでしょうか。

移民の増加に対応した国家原理の転換として「多文化主義」があります。多文化主義は、移民を受け入れる政策の側から唱えられたものであり、移動する側から発せられたわけではありません。多文化主義という政策あるいは思想は日本ではかなり肯定的に評価されてきましたし、「多文化共生」などの語が、異質な他者に対する政策認識や移民研究をはじめとするさまざまな研究に大きな転換をもたらしたことは、改めて指摘するまでもありません。しかし海外においては、多文化主義は、いまやその根底において他者を包摂した新たな国民形成であった点において、擁護ならびに反対の双方からの批判にさらされてきています。

移民は、そして移民だけが、ナショナルあるいはエスニックなアイデンティティを問われます。国民がそのようなアイデンティティを問われることはないのです。受け入れ社会の人々がアイデンティティを問われることはなく、アイデンティティの問われる場が問題になることもありません。しかし、ここで問題なのは、まさにアイデンティティが問われる場であり、移民と国民との非対称性なのです。

移民は、つねに政策側あるいは研究者の作為の対象に置かれてきました。それは、言うなれば送り出し地域と受け入れ地域との分断あるいは非対称性を前提とした移民理解です。では、移動という観点をこれまでの研究領域に持ち込むならば、そこからどのような言葉を見いだすことができるのでしょうか。多文化主義や多文化共生といった言葉は、まさにそのような視点から問いなおさなければならないのです。

†ナショナルな物語への回収

周知のように日本は、第二次世界大戦前には、多くの移民を送り出し、受け入れてきました。しかし戦後、日本政府はしばしば移民国ではないと宣言し、移民を受け入れることなく経済成長を遂げた国であるという日本特殊論が暗黙のうちに受け入れられ、移民にかかわる研究は封じられてきました。

社会科学の諸研究から小説や詩にいたるさまざまな表現において、人の移動は、国民国家という物語のなかに組み込まれ、位置づけなおされてきました。社会科学や文学あるいは歴史学は、いかに移動を国民国家の物語にしてきたのでしょうか。移動を国民国家の物語にしたことによって、抜け落ちてきたものとは何なのでしょうか。そして、どのようにすれば移動を国民国家の物語から解き放つことができるでしょうか。

人の移動は多様であり、個々の人の移動を大きな物語に回収することはできません。それを国民国家の物語にしてきたのは、眺める側、そして研究者の側、小説の書き手の側でした。人々が生まれ育った地に愛着を感じるのは、そして慣れ親しんだ風景や馴染みの人々に安らぎを覚えるのは当然でしょう。しかし、そこから離れて生活をするようになるにしたがって、「故郷（ふるさと）」がつくられ、さらに「母国」が生まれていく過程には、ある種の作為が介入します。

個々の移動する人々は、このような大きなナショナルな物語のなかに回収されてきたわけではありません。それにもかかわらず、私たちは人の移動をナショナルな単位で一括し、さまざまなモデルや型によって把握しようと努めてきました。いうまでもなく、理論的な枠組みやモデルがない限り、そしてそれらを捉える言葉がない限り、研究は不可能です。しかしその枠組みや言葉がもっている前提や歴史性が問われることは稀でした。理論が人の移動を国民国家の形成の物語にしてきたのは、あるいは文学が故郷への思いを綴ってきたのは、国民国家の歴史のなかで人々の移動が果たした役割を映し出してきたからでもあります。言い換えるならば、社会科学や小説が、人の移動を国民国家の物語にしてきたのです。

†「帰郷」というモティーフ

共同性や経験を共有する人々の集団があり、移動した人々はその共同性を抱き続ける、あるいは新しい故郷を作り上げることになります。これはふるさとへの帰郷、戻れぬ故郷といった物語です。しかし実際には、戻るべき場所への帰郷という物語はしばしば幻想でした。これまでの移民研究で指摘されてきたように、移動こそが共同性を生み出し、戻るべき場所を創り出したのです。

ベネディクト・アンダーソンは、遠隔地ナショナリズムこそナショナリズムの起源であり、移動することによって初めて経験の共有が生まれると指摘しています（『想像の共同体』）。移民の人たちは、成功したがゆえに戻らず、また失敗したがゆえに戻ることができません。そしていま、移動する人々を戻るべき場所と結びつけてきた共同性という神話が崩壊しつつあります。

グローバリゼーションという時代は、言うなれば、移動を国民国家の形成の物語としては語ることができなくなった時代です。そしてそこからさかのぼって近代を問いなおすならば、そもそも移動とは、国民国家の形成の物語に収斂《しゅうれん》あるいは還元されるものではなかったということになるでしょう。国民国家という共同性の溶解こそが、現代の移動を特徴づけているとするならば、必要とされているのは、人の移動を国民国家の物語に回収されない歴史へと書き換えることではないでしょうか。しかし、移民や移動が、受け入れ国においても、そして送り出し国や地域においても、ナショナルな枠にますます強く囚われるようになってきています。国民国家という枠組みを越えて、移動をどのように叙述することができるのか、それに対する明確な解はいまだ見いだせていないのが実情です。

†近代を問いなおす

人の移動を国民国家の溶解という観点から考えるにあたっては、いくつかの残された課題があります（もちろん国民国家の溶解という言葉も一つの抽象であり、きわめて曖昧な表現です。さらに溶解といっても、国家がなくなるわけではありません）。ここでそれについて簡単に触れておきましょう。

第一は、なによりも国民国家という国民と国家との暗黙の一致が、公式においても崩れてきていることです。その表れの一つが、いわゆる移民問題の政治化であり、公的な多文化主義であり、外国人の政治参加をめぐる論争です。

第二に、国民国家形成は、各々の地域的な歴史的状況によって大きく異なり、そこに国民形成と国家形成との結びつきの固有性がありました。近代国家が国民国家として形成される、あるいは国民（ネイション）と国家（ステイト）との密接な結びつきには、個々の地域固有の歴史が刻み込まれています。国民国家の形成という語は、欧米諸国においては国家形成と国民形成の二つの幸福な結びつきがもたらした近代の産物であったこと、そしていまその結びつきが弛緩してきていること、さらに言えば、そうした弛緩に対する危機感が、ナショナルなものを煽動していることを理解する必要があります。

第三に、すでに国民国家の形成のなかに溶解の物語が入り込んでいたことです。近代と呼ばれる時代が、一方では移動の自由を掲げながら、国境において移動を制限してきたこと、また、合理性による社会編成が人種や性別といった非合理的な差別を内包してきたこと、そしてそもそも資本にとって国家は桎梏《しっこく》だったものの、その桎梏とそれが生み出す政治的分断こそが資本の世界編成を創り上げ、労働力の移動を制限してきたことなど、さまざまなズレが国民国家形成のなかに持ち込まれていました。

これらのうちのあるものは、「未完の近代」として、あるいは時代遅れなものとして論じられることもありました。しかし、市場経済の徹底した浸透として現れているグローバリゼーションの時代においては、国家による移動制限が大きな桎梏となって現れます。資本と商品あるいは情報の移動の自由を拡大しながら、人の移動を制限することには明らかな矛盾があります。コロナ禍の時代と言われるいま、こうした課題が改めて浮き彫りになっています。

移動から場所を問うことは、知のあり方をナショナルな枠から解き放つことであり、この第Ⅱ部において取り上げるのは、その手がかりを求める作業です。しかしその作業は、国民国家の学としての専門分化、体系化、そして制度化が図られてきた社会科学のなかにおいては、きわめて難しいことでしょう。社会科学は、国民国家とともに拡大し、政策や社会運動からの要求に動かされているがゆえに、ナショナルな枠を越えることは困難なのです。

第6章

難民が問題になるとき

1　切り捨てられる「不法移民」

†三五三本のポール

オーストラリアの首都キャンベラにある国会議事堂は、街を見下ろす小高い丘に埋め込まれるように建っています。議会の屋上は芝で覆われた広場になっており、湖を挟んで人工的に計画された放射状に拡がるキャンベラの街を一望できます。議会は人々の足元にあるという、民主主義を象徴しているかのようなつくりです。議事堂はキャンベラ観光の目玉の一つでもあり、外国人にも開放されていて、自由に歩き回り、議会の開催中にはイギリス流の与党と野党が向かいあって議論するさまを見学できるようになっています。

街を南北に二分する人工湖を挟んで、議会から真正面には戦争記念館が見えます。その中央にそびえるように建っているのが無名戦士の墓であり、両側壁の回廊にはイギリスの植民地期から現在に至る、これまでオーストラリアがかかわった戦争で亡くなった兵士の名前が刻まれています。戦争記念館の正面から国会議事堂に向かって湖までアンザック・パレードが延びており、広い道路の両側には、オーストラリアが加わった戦争を記念するモニュメントが数多く並んでいます。議会は、一方では人々の下で、他方では戦争と向き合って、政治を行っているかのようです。ここには、民主主義という崇高な理念と戦争という暴力が対峙する、近代国家の姿が表されています。

キャンベラの街並み。手前に見えるのが戦争記念館、湖を挟んで奥に見えるのが国会議事堂

国会議事堂から少し離れた湖沿いの静かな公園のなかに、「SIEV (Suspected Illegal Entry Vessel) X Memorial」と書かれた案内板があり、湖へと延びる広場には、人の背丈を模した三五三本のポールが立てられています。長いポールは大人を、短いポールは子どもを表しており、各ポールには名前が刻まれ、年齢が記されています。そ

の案内文は、「オーストラリアは恐怖と強欲の国ではない。愛は恐怖よりも強く、親切は強欲よりも強い」という言葉で締めくくられています。

二〇〇一年一〇月に、不法移民を乗せているとされた船が、スマトラ島からクリスマス島に向かう公海上で難破し、三五三人が亡くなりました。このポールは、その悲劇を追悼する目的で、政府ではなく、子どもたちを含むボランティアによって建てられたものです。

事件は、選挙での難民政策をめぐる論争に巻き込まれたことによって起きました。クリスマス島はインドネシアのバリ島の近くにありますがオーストラリア領であり、いわゆる不法移民や難民がめざす目的地の一つとされてきました。そして、当時のオーストラリアは選挙期間中で、難民受け入れの是非をめぐって与野党間で激しい論戦が繰り広げられていたのです。

当時の難民をめぐる状況を象徴するものとして「タンパ号事件」があります。二〇〇一年八月に、オーストラリア政府は、アフガニスタンからの難民を乗せたノルウェー船（タンパ号）の上陸を拒否し、難民は周辺の島へと転送されました。オーストラリア政府は難民の上陸を防ぐ目的から、近隣の島に難民を転送し、収容する政策をとります。いまでも周辺の島々での収容所建設は続けられており、この政策は「パシフィック・ソリューション」と呼ばれています。

不法移民とみなされた船は、オーストラリア政府によって上陸を拒否され、犠牲者が拡大したとされています。ポールには、一四二人の母親、六五人の父親、そして一四六人もの子どもが表されています。事件後、政府の対応に激しい非難が沸き起こりましたが、難民規制を訴えた政権が選挙に勝利し、不法移民や難民と呼ばれる人たちに対する規制は継続されることになりました。

クリスマス島にある移民収容センター（EPA＝時事）

ここで問題となってきたのは、難民か不法移民かということではなく、国境というものが果たした役割です。それは、国家による暴力と人権という崇高な理念が交差する境界の姿であり、国境という国家のもう一つの顔です。豊かさと貧しさの対峙する境界の前で、両者は保護者と被保護者という関係のなかに置かれることになります。国際政治や経済の不均衡な関係は、国境を越える人たちを不法移民や難民と名づけ、管理・支配を可能にしてきたのです。

†国境という壁

国境では、これまでも境界を守るという領土的な主権行為と、人命尊重という普遍的な人権理念とが衝突を繰り返してきました。自由や平等、そして人権といった理念は、あたかも境界を越えた普遍性をもち、コスモポリタンなものであるかのように掲げられてきました。しかし現実政治においては、人権の守られる場は、しばしば国境線という境界のなかに限定されてきたのです。

人権規範は理念としての普遍性を掲げながらも、ナショナルな枠組みを前提とし、暗黙のうちに国境を想定してきました。たとえば移民の権利が問題となる場合、すでに入国した人が対象であり、当然のことながら、国境の外にいる人たちを移民として論じることはありません。難民の権利が問題になる場合も、国境の外にいる人たちの権利や人権について、あえて触れることはないのです。

国境を越えて上陸を果たせば、難民と呼ばれて、法的な保護の対象となります。いったん上陸を果たせば、人権の及ぶ範囲は、国際法上、合法か否かによって制限はされないことになっています。しかしそれは基本的には、法的な権力の及ぶ範囲である領土のなかに限定されており、その外に及ぶことはありません。それゆえに国家は、法的な保護や権利を回避するために、国境を越えようとする人々に対して、しばしばその上陸を阻害しようとしてきました。

このことは、国境という境界が近代国家のなかでいかなる意味を持つものであるかを端的に示しています。難民条約には、「難民を彼らの生命や自由が脅威にさらされるおそれのある国へ強制的に追放したり、帰還させてはいけない」(「ノン・ルフルマンの原則」、第三三条)という規定があります。しかしこれは難民の受け入れを宣言したものとはみなされていません。しばしば指摘されるように、主権国家体制のもとでは人々の出国の自由は認められているものの、入国の自由あるいは権利は認められていないのです。主権国家は、誰を入れ、誰を入れないのかを決める権利を持ち、国境における人の移動を制限することができることになっています。

†対立する国家主権と人権の理念

難民とは、近代国家という体制において、法的な権利や保護を喪失した人々です。その人たちが境界を越えることとは、法的な保護や権利が得られる場所、国際的な規範が及ぶ接点への上陸を意味します。逆に言うと、その上陸を阻害することとは、そうした境界の外側に、すなわち人権やシティズンシップの機能しない近代規範の例外空間に、難民たちを留め置くことを意味します。言い換えれば、人権やシティズンシップという近代が創り上げたとされる崇高な理念は、その適用が宙づりにされる例外的な空間を確保することによって維持されてきた、と考えることもできるでしょう。

国境という境界は、ナショナルな装置を強烈に機能させ、グローバルな権力配置を維持する役割を担ってきました。国境を越えて入国しようとする人たちの選別や排斥は、いまでも世界の至るところで起こっています。入国審査の恣意的な裁量によって空港から送り返される人々、アメリカとメキシコの国境に築かれた高い壁、海境や陸境からの侵入を防ぐための沿岸警備、国境線沿いに張り巡らされた赤外線カメラを使った夜間警備やドローンなどを使った空からの監視、難民の侵入を防ぐという目的から国境沿いの道路に張られた鉄条網のフェンス、武装した軍による国境警備など、これら国境線の厳格化はますます強化されています。人権というコスモポリタンな理念は国境という壁に阻まれ続け、命がけの越境による犠牲者は増え続けています。

二〇世紀の二度にわたる世界戦争における甚大な犠牲への反省から創り上げられてきた人権という基本理念は、ナショナリズムというわかりやすい現実政治のなかで、挫折を繰り返してきました。人権や人の命を守るという普遍的理念と国境を守るという国家主権とは、しばしば相反してきたのです。いま国家主権と普遍的理念としての人権との対立が国際政治の前面へと押し出されてきています。

アメリカにおけるトランプ政治が残した「アメリカ・ファースト」という波紋は世界中に拡がり、もはや建前としての近代規範が本音としての現実政治の防壁となってきた時代は終わりを告げているようにも思われます。さらにコロナ禍の時代において生じた、国家による出入国管理の厳格化などは、国境の持つ意味の再考を迫っています。

2 難民は誰にとって問題なのか

†「難民」とは誰か？

西欧で起こったシリア難民の危機的状況は、しばしば極右の台頭と結びつけて取り上げられてきました。しかしそれは歴史の後退というよりも、現代世界における境界そのものの揺らぎの問題としてみるべきでしょう。グローバリゼーションが、移民や難民を新たに生み出す時代に入ったのです。

国境における人の移動の管理とは、たんに外国人の管理だけでなく国民の管理でもあり、国民の範囲を明確にすることでした。国境を越える人々を「移民」「難民」、そして「合法」「不法」と分類し、さまざまなかたちで管理の対象としてきたのは、国民国家を形成した権力です。しかし、そうした分類には恣意性がつきまといます。それらは厳密に定義できるものではないのです。人の移動は、さまざまに分類されながらも、しばしばカテゴリーを越境しうるのであり、難民と不法移民を区別してきたのは政治の側でした。受け入れ国の政策にしたがって、彼ら・彼女らは任意に分類されてきたのです。

国民国家は「われわれ」と他者を分化し、これまでも内的な均質化と対外的な排他性という二重性を持ってきました。それが制度として確立したのは、二度の世界戦争の時代である総動員体制期と戦後の福祉国家体制期です。その過程で、国境は「われわれの豊かさ」を守るための制度へと改編され、排除や排斥の重要な道具として機能することになります。

もともと難民という存在が登場したのは、冷戦体制のもとでは東側の社会主義からの自由と豊かさを掲げてのことであり、また南北問題という枠組みのもとでは地域紛争からの安全な場を掲げてのことであったとされています。欧米諸国は、人権と国家主権とのあいだに難民を置くことによって、東からの、そして南からの、膨大な国境を越える人の移動をコントロールしようとしてきたのです。

しかしいまでは生命をおびやかす地域紛争とともに、グローバリゼーションが難民を生み出しています。グローバル資本によって生存手段を奪われた膨大な人々が、「経済難民」あるいは「偽装難民」そして「不法移民」と呼ばれて、難民化してきています。膨大な人々が土地を追われ、生存手段を奪われ、世界のもっとも底辺の賃金労働の担い手として生み出されてきました。いわゆる難民問題は、グローバリゼーションと呼ばれる歴史的な過程において拡大し、変化してきたのです。

いま難民あるいは難民問題を課題とすることは、ネイションやシティズンシップを問いなおすことだけではありません。それは、資本のグローバルな展開が引き起こしてきた世界経済の構造転換、グローバリゼーションと呼ばれる時代の人の移動にかかわる問題の拡がりと複雑さを再考することを意味するのです。

†多文化主義の挫折

西欧諸国を含めた多くの国において、移民や難民が国家のあり方にかかわる政治課題になったのは、第二次世界大戦後にかつての植民地から大量の人々が流入し、長期に滞在するようになってからです。アメリカなどのいわゆる移民国を別として、西欧諸国において移民が重大な問題となることによって、いわゆる「移民危機」がグローバルな課題となってきました。

もちろんアメリカなどのいわゆる移民国において、これまで移民規制が政治問題化しなかったわけではありません。一九世紀の工業化が急速に推し進められた時代に、スト破りや労働条件の悪化に対して、労働組合は移民労働者の受け入れに反対してきました。またいわゆる「黄禍論」にみられるように、欧米諸国ではアジア系移民の増大に対する差別と恐怖が醸成されてきました。

移民や難民が「問題」とされるのは、欧米先進諸国において、国境を越える人の移動が国家統合の根幹にかかわる問題として現れてきたことによります。つまり、「移民問題」や「難民危機」の根底にあるのは、国民国家の揺らぎであり、西欧社会の、そして現代世界の分断であって、移民や難民はそれを映し出す鏡であるということです。

大国の介入によって激化する地域紛争、グローバル資本による利権をめぐる激烈な争いや市場主義の暴力が、かつて植民地であった地域の人々の生活を簒奪し、国境を越える膨大な人の移動へと駆り立ててきました。欧米諸国の政治的・経済的な介入によって、発展途上国と呼ばれてきた国々の多くの地域で生存がおびやかされてきたことが今日の難民危機と言われるものの根底にあります。そして越境が繰り返される場では、過激な移民排斥が人々の不安を煽り、他方では、生存を奪われた人たちに対する保護者として、移動してきた人々を受け入れる救援活動も続けられています。

しかしながら移民問題、難民問題と言われるものが突如として現れたわけではありません。以降では「難民」なる存在が歴史的にどう変化し、近代国家の根幹をおびやかすとされるようになったのか、簡単に確認しましょう。

†「難民問題」の起源

ベン・シェファードは、第二次世界大戦の「最も重要な後遺症は、難民危機」であると言います。彼は、第二次世界大戦がヨーロッパのなかに封じ込められてきた「民族」的な問題をいかに解き放ち、大量の「DP（displaced person）」を生み出したかを丹念に跡づけ、第二次大戦期の国民国家の形成のなかに「難民」を生み出す契機があったと指摘しました。

戦争は、長らく埋もれていた問題や不満を表面に浮き上がらせ、ふだん縛りつけられている力を解き放つ。第二次世界大戦は、実は一つの名のもとにある複数の戦争だった。……（ファシズムに対する戦争）であるばかりか、東ヨーロッパのさまざまなナショナリズム間の血なまぐさい闘争であり、対敵協力者の市民軍にパルチザンやレジスタンスが抵抗した内乱でもあった（『遠すぎた家路』一九ページ）。

こうした視点は、第二次世界大戦は民主主義とファシズムの戦争であり、民主主義の勝利で終わったとする単純な見方を批判するものです。民主主義の勝利という歴史認識のもとに作り上げられた戦後体制のなかで、さまざまな国民形成の対立が隠され、それが戦後の難民の起点を形成することになったというわけです。第二次世界大戦直後の大量の引き揚げや帰国ならびに残留者を抱えた難民危機と呼ばれた時代以降、「難民」は冷戦構造のもとでの東欧からの移動、インドシナならびに中東での戦争から逃れてきた人々、そして旱魃などによる環境難民と呼ばれた人々など、さまざまな過程で生み出されてきました。

いまも環境破壊や地域紛争から逃れる人々の移動は続いています。しかし二〇世紀末から二一世紀に入って、大規模な移民や難民の移動が起こり西欧諸国に押し寄せるようになったのは、紛争の拡大だけではなく、グローバル化を進める資本主義によって生み出された人の移動があったからだと考えられます。

そもそも、西欧諸国における難民の急増が「問題」だというのは、あくまでも西欧の国々において問題であったというだけのことです。実際に難民をもっとも多く受け入れてきたのは周辺諸国であり、受け入れ国のトップ一〇か国のうち先進国はドイツだけです。しかしそれが、移民や難民問題として国際政治で取り上げられるのは、欧米諸国に降りかかってきて「問題化」されたときに限られます（パトリック・キングズレー『シリア難民』）。

グローバリゼーションは、国民国家を支えてきた政治や経済に新たな亀裂を生み出し、国境を越えた空間には、新たな境界が創り出されています。ネオリベラリズムの負の遺産が発展途上国と呼ばれる地域をも巻き込んで増幅し、格差は世界的な規模で拡がっていきます。国民国家によってかろうじて守られてきた人々が没落の危機に瀕し、そこでは近代の歴史のなかで磨き上げられてきた規範や理念が根底から揺らいできました。国境を越える人の移動は、これまでとは異なる歴史的な局面のなかで問題化してきたのです。

†そもそも何が「問題」なのか？

このように「難民問題」というのは自明のものではありません。そもそも「難民問題」は誰にとって問題で、越境する人々を「難民」と名づけてきたのは誰でしょうか。そうした移動を「難民」と名づける政治的な意図はどこにあったのでしょうか。難民問題とは、そのときどきの情勢のなかで政治的に名づけられたものにすぎません。

日本は、あたかもそうした課題とは無縁な政治的・社会的状況にあるかのように暗黙裡に思われてきましたし、そうしたなかで難民も論じられてきました。いうまでもなく、日本も歴史的に多くの人の移動にかかわる課題を抱え、またすでに多文化的な状況にあり、これらにかかわる研究も数多く残されています。しかしながら二一世紀に入って「多文化共生」が、そして最近では「グローバル人材」なるものが政策的に標榜《ひょうぼう》されながらも、「移民」という論点が政治化され、社会的に拡がることはいまだにありません。

西欧諸国と日本とは、移民や難民問題における〈過剰〉と〈無視〉という点で対照的であるように見え、しばしば比較対象として論じられてきました。実際、移民の対人口比や難民受け入れ数にみられるように、両者の外見上の差異は明らかであるように見えます。しかしその差異とみなされてきたものの多くは、第二次世界大戦後の国民国家再編の過程で醸成されてきたものにすぎません。改めて言うまでもなく、日本も、現代世界が直面する課題を共有しており、現代の移民や難民問題といわれるものを考える場合には、両者に通底する論点を考える必要があるでしょう。

難民や移民は社会不安のはけ口となり、ナショナリズムの高揚は、西欧近代の歴史のなかで築き上げられてきた他者を歓待するという倫理的かつ普遍的な思想を侵食しつつあります。そして、半世紀以上かけて創り上げてきたEUというヨーロッパ内の国家連合を危機に陥れてきました。問われているのは国民国家という近代における国家編成のあり方であり、人権や民主主義を掲げてきたリベラル国家です。

第二次世界大戦が人種をめぐる戦争でもあり、ホロコーストの衝撃を考えるならば、戦後の国家の基本的な理念として反レイシズムが掲げられてきたのは当然のことでした。それゆえに、少なくとも欧米諸国では、人道を掲げて移民の受け入れや難民の保護が政策として標榜され、事実上の「多文化主義」的な政策が掲げられてきました。他方で、人種差別を批判し排除する政策が掲げられたとしても、人種差別がなくなったわけではないことも事実です（ガッサン・ハージ『ホワイト・ネイション』）。

人種差別を国家原理として掲げることは、近代国家として正当性を失うことになり、オーストラリアの白豪主義や南アフリカのアパルトヘイトは次々と廃止されました。アメリカにおいても、公民権運動で盛り上がった一九六〇年代には人種差別的な移民政策が転換されることになります。多文化主義的な理念は、人種差別批判の象徴でもあり、現代国家の普遍的な政治理念として定着しているようにみえました。

多文化主義とはカナダやオーストラリアのそれだけを指すわけではありません。第二次世界大戦後に、欧米諸国において人種差別的な政策が批判されて、これまでの出入国や国籍などの法制度における人種差別的な政策を転換し、さらに社会的にも異文化を許容する状況がグローバルな標準化として生み出されてきました。日本でも、外国人に対する差別的な政策が部分的には撤廃されてきています。多文化主義的な理念は、もはや国際的に共通した普遍的な理念と考えられてきました。

†問われるリベラル国家

ですが、その多文化主義的理念が近年批判にさらされています。ただし批判といっても、多文化主義的な思想が否定されたというわけではありません。むしろ多文化主義的あるいは多文化共生的な思想が社会的あるいは政治的に浸透し、定着したことを前提として、その政策的な帰結などに対する批判であることに注意する必要があります。たとえば、多文化主義が掲げられることによって、文化といわれるものが固定化され、絶対化されるケースなどです。

それだけでなく、二一世紀に入って、国境を越える人の移動に対する規制と管理が強化されてきました。移民排斥のうねりが台頭するなかで、伝統的なリベラリズムへの支持が急速に失われ、自由と民主主義という普遍性を掲げてきた西欧社会、リベラル国家の危機である、と認識されるようになってきています。あるいは理念と現実との政治的なギャップが一挙に露呈してきたといってもよいでしょう。

なぜ近代国家の理念が、かくも簡単に裏切られることになってしまったのでしょうか。近代国経済的な不況や所得格差の拡大という言葉だけで本当に説明できるのでしょうか。近代国家の歴史において、人権を掲げてきたリベラル国家が普遍主義と結びつくことができたのは、高度成長期という限られた幸運な期間だけだったのでしょうか。

リベラルな民主主義国家、人権を掲げる普遍主義、そして豊かな福祉国家といった欧米諸国の戦後体制が可能であったのは、かつての植民地主義の遺産であったといえるかもしれません。また、移民や難民と呼ばれる人たちが歓待されたのは、そこに「高度成長を促す限り」という留保がつけられていたこともあるのでしょう。そしていま、南からの大規模な移民や難民の流れは、西欧諸国の政治を大きく揺るがせています。

3　もう一つの移民の時代――戦時体制と総力戦

†「移民の時代」

国民国家の編成と再編成は、つねに国境を越える人の移動を伴ってきました。国境という境界を確定し、移動を管理することが主権国家の証であり、そして越境する人々の管理の延長には国民の管理があります。移民の管理は国民の管理と並行して制度化されてきました。

移民の時代であった一九世紀は、国民国家という形態での近代国家が西ヨーロッパをはじめとして世界中に浸透した時代であり、国民国家の形成が非ヨーロッパ世界における植民地の形成と並行して進められました。そして二〇世紀後半から二一世紀にかけては、体制としての国民国家の揺らぎと植民地の解体が大規模な人の移動を引き起こしています。

この一方は国民国家の形成とかかわる移民であり、もう一方は国民国家の揺らぎとかかわる現代の移民です。したがって、両者の差異こそが現代移民を理解するうえで、決定的に重要になるでしょう。しかしながら、一九世紀後半から二〇世紀初めまでが大規模な移民の時代であり、また二〇世紀後半から現代までの時代がふたたび「移民の時代」(S・カースルズ、M・J・ミラー『国際移民の時代』)と呼ばれてきたのに対して、両者に挟まれた二度の世界戦争とそれに続く時代は、しばしば移民とは無関係、あるいは移民の縮小した時期とみなされてきました。たしかにこの時期は、最大の移民受け入れ国であるアメリカにおいても移民数が激減した時期であり、大規模な移民の終焉した時代だとされてきました。

その一方で、それまで多くの移民を送り出してきた西欧や日本においては、世界戦争の過程で、軍だけでなく民間人を含めた積極的な人の移動が行われました。同時に、この時期に人の移動は国境において厳しく制限されるようになり、国家は女性や少数民族、先住民、そして植民地住民を戦争に動員し、国民として領域のなかに囲い込むようになります。植民地地域からの大規模な移民の流入とその定住化など、戦争への植民地住民の動員が、その後の南から北への人の移動という、戦後の移民や難民にかかわる政策あるいは国境管理政策などの原型にもなったのです。

現代世界が直面している移民・難民問題の淵源が、領域国家と国民形成の過程にあるとするならば、そして他者と国民との厳密な分割にあるとするならば、すなわち「移民」として他者を包摂しつつ排除する制度の確立にあるとするならば、じつはその契機はこの時期にあるとみることができます。

現代移民の起点

現代の移民研究や難民研究のあり方を再考する重要な鍵は、この時代にあります。越境する人の移動の管理は国家の主権行為の一つでしたが、出入国にかかわる諸制度が整備され、有効に働くようになったのは二〇世紀に入ってからのことです。世界最大の移民受け入れ国であるアメリカにおいて、国境の管理が国境警備隊として全国的規模で展開されたのは一九二〇、三〇年代のことでした。さらにパスポートにおいて写真や指紋などの個人認証の技術的な方法が導入され、本人と同定しうるようになったのも、ほぼ同時期のことです（ジョン・トーピー『パスポートの発明』）。

出入国管理や国籍、さらに国境警備などを含めた移民管理は、人々を個として識別し、国境において人々の移動を管理するシステムとして完成しました。それは、人の移動を個として管理しうる国家的な規模での組織的な制度でした。まさに移民を管理することが国民を管理する方法として制度化されてきたわけです（高野麻子『指紋と近代』）。

アメリカでは、同時期に国境警備や出入国の管理だけでなく、中国人に加えて日本人移民の排斥などアジア人に対する移民規制が行われました。さらに二度の世界大戦によって、交戦国であるドイツ人移民などは帰国を余儀なくされます。第一次大戦前に、年間一〇〇万人を越えた移民は一〇万人台にまで減少し、大西洋・太平洋を渡る移民は激減しました。ただしアメリカは、第二次世界大戦への参戦によって深刻な労働力不足に陥り、メキシコやカリブ地域からの労働力の確保を図ることになります。戦後のラテンアメリカなどからの大規模な移民労働者の流入ルートは、まさにこの時期に形成されたのです。

†総力戦体制と原蓄過程

したがって、この戦争期ならびに戦後の占領期は「移民の終焉した時代」などではなく、歴史的に類を見ない規模の人の移動の時代だったとみるべきでしょう。総力戦といわれる植民地を含めた戦争の拡大は、当事国のみならず、植民地地域の人々をも戦争に巻き込みました。それは志願兵といったかたちだけではなく、物資の調達などを通じて民間の人々を動員し、さらに植民地の人々を生存手段から引き剝がすことによって、強制的な動員を図るものでした。これまで移民とは無関係であった人々が、この過程で否応なく移動させられるようになったのです。

さらに第二次世界大戦後の混乱期とその後の占領期・冷戦体制期においては、インドのような領土の再確定、アフリカ諸国における独立に伴う国民国家の形成と再編成が、世界的な規模で、しかもしばしば暴力的なかたちで遂行され、国民交換などの大規模な人の移動が引き起こされました。

総力戦体制期は国民国家と移民との関係が劇的に変化した時代であり、民間人ならびに植民地の人々が戦争へと動員され、きわめて短期間に、しかも世界的な規模で人が移動した、もう一つの移民の時代でした。植民地主義という暴力的な労働力化が、世界戦争の過程で一挙に推し進められたわけです。その意味で総力戦体制は、植民地地域を含めた未曾有の規模での世界的な原蓄過程、すなわち新規の追加的労働力供給確保だったとみることもできるでしょう（C・メイヤスー『家族制共同体の理論』、ジェームズ・C・スコット『ゾミア』）。

戦後の占領期は、その原蓄過程で析出された労働力が、独立国家となった発展途上国政府ならびに占領軍の権力によって産業化へと組み込まれた時代でした。戦時に析出された労働力は、戦後に世界的規模で展開する資本のグローバルな労働力編成の前提条件を生み出す基盤となりました。大戦後に独立を遂げた旧植民地諸国は、曲がりなりにも独立国家として国民国家・国民経済を掲げ、アメリカや旧ソ連など大国を後ろ盾とした権威主義体制によって工業化計画を遂行しました。発展途上国における無尽蔵の人口は、国民としてだけでなく、世界展開を遂げつつある先進国巨大企業によってさまざまな労働形態の労働力として、再発見されたのです。

†占領統治と労働力確保

発展途上国の労働が世界的な労働力編成に組み込まれる条件は、占領を通じた、発展途上国のいわゆる近代化の過程において醸成されました。冷戦体制の下で、占領軍は必要とする労働力を現地あるいは他の占領地から調達することになります。その典型例は、アメリカ軍による東アジアの占領空間です。韓国やフィリピンなどにおいて、アメリカ軍の駐留は、現地ならびに他のアジア諸国からの大量の労働力によって支えられてきました。民間人の調達範囲は、さまざまな軍事施設や港湾や空港などの軍関係施設の建設とともに、医療やケアから娯楽さらに家事や育児などを含めた広範な分野に拡がっていきます。

こうした駐留軍の基地建設や住居、港湾などの交通網の整備などに供給される資材、日常の消費財などの生産には、一定のアメリカの基準が求められました。こうしたいわば「国際基準」によって、世界的な規模で拡がるアメリカの占領空間に利用されうる製造業や土木・建設業が、アジア地域に群生することになりました。この過程を通じて、アジア諸国のなかのいくつかの国は、アメリカ標準の製造技能だけでなく、財閥へと発展する企業を生み出すとともに、その後の海外労働力供給を可能にする人材の条件を獲得していきます（洪志瑗「韓国における労働力移動の展開とベトナム戦争」）。

ここに製品輸出の拡大だけでなく、東アジアからの大規模な移民労働者排出の条件が醸成され、その後の中東産油国での建設労働から欧米諸国への大量のケア労働者にいたる、アジア系出稼ぎ移民の前提条件ができあがることになりました。第二次世界大戦後の占領空間の拡がりが、発展途上国の労働編成をグローバルな労働編成へと転化する契機を準備したのです。

二度の世界戦争とその後の占領の時代を通じて、かつての植民地地域はグローバルな労働力の供給地として組み込まれていきます。旧植民地住民は、ふたたび膨大な労働力として発見されたのです。多国籍企業と呼ばれるグローバル資本は、この無尽蔵の労働力を、現地生産ならびに移民労働として利用することが可能になりました。こうした国境を越える資本と労働の移動の交差を通じて、労働力のグローバル化は展開してきたのです。

人の移動は、グローバルな労働力編成のなかで、移民、難民、不法移民といった分類を通じて統治されます。しかし、いまグローバルな労働力編成の新たな局面では、労働力のグローバル化を越えて、労働市場のグローバル化へと拡大してきています。それが難民といわれる存在を大規模に生み出す条件でもありました。

4　難民と労働市場のグローバル化

†旧宗主国への移民

難民や移民は国際関係や歴史的な状況に左右され、政治状況のなかで国際的な「問題」として提起されてきました。ホロコーストの悲劇から始まった「難民」という事象は、冷戦体制の国家間関係の変化に巻き込まれ、社会主義圏から自由の国への逃走へと変貌し、そして大量虐殺をもたらした地域紛争からの逃避、さらにいまや豊かさを求める貧しい南からの移動へと、国際的な場における認識は大きく転換してきました。

他方で、第二次世界大戦後の高度成長期には、いわゆる移民問題が政治の表舞台に登場します。体制としての植民地が解体し、経済的に後進的で文化的に異質とみなされてきた旧植民地からの移民が、かつての宗主国である欧米諸国に大量に流入し、長期に滞在するようになったのです。旧植民地からの移民の増加は、かつての宗主国にとっては、植民地からの収奪とその遺産によって維持されてきた豊かな社会の反転でもありました。

西欧諸国において、戦後の復興期ならびに高度成長期に必要とされた移民労働者は、オイルショック以降の低成長の過程で失業者としても滞留することになり、その「統合」が大きな政治問題となりました。しかもグローバリゼーションの浸透とともに、いわゆる移民問題と言われるものは、もはや欧米諸国に限定されるのではなく、新興工業国を含めた世界的な規模に拡がり、いまやグローバルな課題として現れてきています。

†労働市場のグローバル化

一九六〇、七〇年代以降、資本は現地の低賃金労働だけでなく、移民労働者として女性を含めた膨大な発展途上国の労働力を発見します。グローバル資本は、周辺諸国の無尽蔵な労働力を低賃金労働者として利用しうるようになり、輸出加工区などが発展途上国各地に造られました。他方、西欧やアメリカでは、移民規制が強化されながらも、低賃金労働者としての移民労働の流入が続きました。資本のグローバル化は、労働力をグローバル化したのです。

さらに一九八〇年代後半以降、労働力のグローバル化は生産的な労働だけでなく、家事やケアといった労働力再生産にまで拡大し、労働市場のグローバル化へと急速に転化していきます。資本は、労働力という商品を、国境を越えて調達できるようになったのです。労働力を商品化するには、労働力の再生産が保障されなければなりません。そのことを可能にしたのは女性移民の増加でした。これによって、市場メカニズムを通じた労働力の再生産が可能となり、世界的な規模での労働市場の連接が急速に進んだのです。

労働力のグローバル化は、労働力需要に対応した労働力供給のグローバル化でした。グローバルな規模で市場化した労働力は、発展途上国における賃金コストの部分的な上昇をもたらし、一部においては南北間の賃金格差を縮小しました。一九八〇年代以降の先進諸国における低成長と賃金コストの引き下げ、福祉水準の引き下げはその裏返しであり、グローバルな規模での所得格差を引き起こすことになります。

一方、労働市場のグローバル化というのは、経済のグローバル化の新たな局面です。労働市場がグローバル化する、あるいはグローバルな労働市場というのは、労働市場が世界的な規模で単一化し、均質化するということではありません。むしろ労働市場としては、国境を越えた階層化とそのなかでの流動化が急速に進んでいます。

再生産労働に従事する女性移民の増加にもかかわらず、労働力は基本的には市場経済のなかで生産することができません。それは国家と家族というある種の共同性の集団のなかで再生産されるほかないのです。そしてその再生産を保障する制度は、近代国家においてはナショナルな領域のなかで制度化されてきたのであり、現在においてもそうです。

†難民から問いなおす

いま資本は、そして資本だけが、国民経済的制約からの自由を手に入れつつあります。私が言いたいのは、「資本が国家的制約から完全に解放された」とか「自由になった」といったことではありません。むしろ逆に、グローバル資本は、ますます国家を利用する条件を獲得してきています。そして国家間の政策的な差異こそがグローバル資本に利益をもたらす条件となっています。国民国家間での競争を利用することによって、そして自由に動き回る条件を獲得することによって、資本は税や法的な規制から、そして社会保障や家族制度から自由になる手段を獲得してきました。

グローバル資本は、労働力の再生産、家族の再生産、地域社会の再生産を、外部化してきました。家族や地域を維持するためのコストを、可能な限りまぬがれようとしてきたのです。資本が労働力の再生産という制約から自由になることによって、市場経済の論理はとてつもない暴力として現れます。移民の女性化がもつ意義は、たんに女性移民の増加にあるのではなく、資本の再生産過程のフレキシビリティを高めることを可能にした点にあります。グローバリゼーションはその究極のシステムともいえるのです。

いま発展途上国だけでなく欧米諸国をも含む世界的な規模で賃金労働者の生活が危機に

あります。そして、家族という制度やローカルな相互依存的共助が崩壊してきています。グローバリゼーションと呼ばれる時代に、難民が生み出される条件は大きく変貌してきました。難民は根無し草的存在におかれ、状況にあやつられ、かつ状況を利用し、国際政治、当事国政権、UNHCR（国連難民高等弁務官事務所）を含む国際機関、そしてNGOなどのあいだで翻弄されてきたのです（米川正子『あやつられる難民』）。

これまでの移民や難民問題という問題の立て方、外国人労働者問題という問題構成、そして被害者と加害者という二項対立的発想というのは、国民国家という場所を与件としてきた政策体系へと収斂する、ナショナルな方法的枠組みでした。移民や難民を単純に被害者にするのではなく、さらに移民研究が移民や難民の保護者であるかのようにふるまうのではない視点はいかにして可能となるのか、いま問われているのは、場所を暗黙の前提としてきた知の枠組みそのものなのです。

第7章　「アジア」を問いなおす

1　アジアへのまなざし

†グローバリゼーションの光と影

アジアにおけるグローバリゼーションは、一方では輝く未来を見いだそうとしたプロジェクトとして現れます。しかし他方で、そこにはかつての植民地支配を想起させる暗闇の世界が残されています。この半世紀あまりのあいだに、アジアは世界の工場として急激な産業化を遂げ、ダイナミックに変化しました。しかし近代化した都市のすぐ隣では、かろうじて維持してきた生存手段を奪われた多くの人々が、スラムと呼ばれる劣悪な地域に集住しています。

現代のアジアにおける人の移動は、グローバリゼーションの光と影を映し出す鏡でもあります。では、そのグローバリゼーションをアジアという文脈のなかで考えてみると、どのような課題が浮かび上がってくるでしょうか。

今日、アジアを対象とするということは、アジアという自明とされてきた地域を問いなおすことであり、ときにアジアを対象としてきたこれまでの知の枠組みを組み替えたり、解体することすら求められます。アジアと呼ばれてきた地域は、それが抱える矛盾を含めて、この数十年の間にもっとも大きな変化を遂げた地域の一つです。

かつてアジアあるいは「東洋」は、「西洋」にとって「異質な他者」であり、オリエンタリズムの対象でした。植民地支配の時期には、原料や食糧といった一次産品の生産・輸出地域であり、膨大な余剰人口を抱えた貧困地帯でした。「後進国」「低開発国」「発展途上国」「第三世界」などと呼ばれ、国際機関などによる開発政策・研究の対象となる時期も長く続きました。しかしこの半世紀あまりのあいだに、「アジアＮＩＣｓ」と呼ばれた諸国（韓国、台湾、香港、シンガポール）の躍進、そして東南アジアの新興工業国、さらに膨大な人口を抱える中国やインドといった大国の台頭によって、近代世界のなかでアジアという場所が占める位置は大きく変化してきました。

そして、そういう時代状況からアジアを考えていくことが求められています。アジアにおける人の移動は、これまでの西洋中心の学問のあり方を再審し、国民国家（間）の学に終始してきた諸科学を再考する手がかりでもあるのです。

†アジア的なるものの諸相

しばしば「アジア的」と表現されるしるしがあります。それは、衣食住などの基本的な生活スタイルから行事や習慣などのいわゆる「文化」と呼ばれるものまで、多様な要素が混じり合って醸し出されてきました。しかしながら、何がアジア的であるのかは曖昧であり、あらかじめアジア的なるものがあるわけではありません。むしろそうであるからこそアジアは西洋からの偏見や反感、あるいは差別にさらされてきました。アジア的なるものは、西洋的とされる自己イメージの反転として、他者であるアジアのなかに見いだされたものでもありました。

アジア的なるものは、眺める側の立場によって異なるだけでなく、時代とともに、そしてアジア的と名指される国が世界のなかで占める位置によって、大きく転換してきました。アジアは世界でもっとも多くの移民を送り出してきた地域であり、近代の歴史のなかでアジアからの移民の痕跡は、世界の至るところにみることができます。いまでもチャイナタウンやコリアタウン、リトルトウキョウなどと呼ばれるアジア人街の地名が世界各地にあります。こうした地域にはいまでは東アジアからの人々が混住して生活し、相互に接触した空間を作りだしています。アジア人街は観光名所へと変貌してきていますが、そのなかには、いまなお新しい移民を惹きつけ、生活の場を拡げ、新しいエスニックタウンへと拡大し、変化を続けている地域があります。

ニューヨークのダウンタウンの中心部、ウォール街からほど近いところにあるチャイナタウンは、かつてはリトル・イタリーとともに、犯罪の温床とみなされてきました。しかしいまではリトル・イタリーを飲み込んで拡大し、ニューヨークの人々にとって欠くことのできない安価な商品のマーケットであり、観光地にもなっています。大通りから少し入ったところでは、中国系の金融機関、旅行会社、衣類や雑貨を販売する商店とともに、新たな移民への求人広告などを貼りだした看板があちこちに散在しています。また、古びた建物の上層階には、スウェット・ショップ（苦汗工場）として知られる衣服の縫製工場などもあります。そしていま、中国からの新たな移民たちが住む街は、マンハッタンの隣のクイーンズ地区のフラッシングに移ってきたといわれています。そこには、ニューヨークでも指折りの大きな韓国人街もあります。

かつて白豪主義を掲げ、アジア系移民を閉め出す政策をとってきたオーストラリアにおいても、チャイナタウンは拡大を続けています。シドニーにあるチャイナタウンは、多文化主義を象徴する観光名所であり、この十数年のあいだに急速に規模を拡大し、街の中心部にまで漢字の看板があふれるようになりました。中国人コミュニティは大きな政治的な力を持つようになり、選挙の際には、反移民を掲げてきた保守系の党首すら、中国人移民コミュニティの代表と握手をする姿がテレビに映し出されます。そして二〇〇七年には中国語を流暢にしゃべる労働党のケビン・ラッドが首相に就任したのです。

シドニーのチャイナタウン

また、ヨーロッパ諸国でも、近年、アジアからの移民が急増しています。ロンドンやベルリンの中心街には韓国系企業の大きな看板があり、地方の町においても、アジア系の人たちに会うことはそれほど珍しくありません。かつてガストアルバイターや旧植民地地域からの大量の移民労働者に支えられて高度成長を達成した西欧諸国において、産業ならびに社会構造の変化に応じて、ケア労働を担う女性を含めた、大量のアジア系女性移民労働者が増加してきました。近年では、エレクトロニクス産業などにおいて、日本に代わって、韓国や中国など東アジアからのビジネスマンや技術者が急増しています。

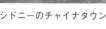

†二つのまなざし

アジア系移民の増加やアジア系企業の台頭によって、欧米諸国のなかでは、「アジア化（アジアナイゼーション）」という言葉が聞かれるようになり、ふたたび「アジアの恐怖」が語られています。ここで言う「恐怖」には、一見したところ対立するように思える二つの観点が含まれています。一つは、アジア人移民の増加による侵略的なイメージから起こる排斥運動であり、もう一つは、アジアの圧倒的な経済力に対して、アジアとの「共生」や「共存」を標榜する運動です。この二つは相反するように見えながらも、アジアを他者、そして「恐怖」の対象として見ていること、そしてアジアを単一の存在として固定的に捉えている点では共通しています（Ien Ang, *On Not Speaking Chinese*）。

西欧諸国のまなざしに映るアジアは依然としてステレオタイプであり、「アジア的なるもの」というのは他から与えられた規定でしかありません。アジアの移民たちがもつ「アジア的な」共通経験があるとするならば、それは地域的な近接性や親しみという以上に、植民地化された歴史的に共有する経験によるものでしょう。欧米諸国が主導してきた近代世界において、差別や偏見にさらされてきたという共通した経験をアジア人移民が持ち、そこから、彼ら・彼女らが意識せざるを得ない「アジア的なるもの」が醸成されてきた、ともいえます。

アジア的という共通感覚は、アジア人のなかから積極的に主張されてきたというよりは、近代の植民地体制のなかで生み出されてきたのであり、その遺産です。しかし共通経験は、必ずしもアジア諸国のあいだで共有されてきたわけではありません。

†日本とアジア

たとえば日本では「アジア的」という語がどの程度意識されてきたでしょうか。しばしば指摘されてきたように、日本人は人種差別に対してきわめて鈍感でした。アジア的な痕跡を払拭しようとした日本は、一方ではアジアとしての差別や偏見にさらされながら、他方ではアジア諸国を植民地化し、従属国扱いして、それらの国の人々を偏見と差別の対象としてきました。そして、植民地化した国と植民地化された国との非対称性は、戦後においては、経済大国と発展途上国との非対称性へと横滑りしてきたのです。

中国やインドを含めてアジア諸国はいまや世界経済の成長センターの一つとなり、アジアの人々が接触する場は、かつての劣悪な条件の工場や炎天下の農場、あるいはアジアからの人々が集住する地域だけではありません。いまやそうした場所は、大学のキャンパスや世界都市のビジネス街、あるいは観光地など多岐にわたります。日本で生活する外国人でもっとも多いのが、韓国や中国からの人々であり、そこにはいわゆる単純労働者だけではなく、ビジネスマンや高度技術者、研究者など多様な階層が含まれています。東アジアの人々が接触するさまざまな空間は、どのような階層に属しているかによって大きく異なるようになってきています。

いま、アジア諸国のあいだでの経済格差は顕著なかたちで現れてきており、そこには共通感覚というよりは、アジア的な階層構造あるいはオリエンタリズムすら看取することができます。所得格差がアジア諸国のなかで生まれ、その格差にしたがった階層化が進んできたのです。人々の移動は、当然ながら近隣諸国とのあいだでより頻繁に行われます。インドネシアからマレーシアへの移動、そしてマレーシアからシンガポールへの移動というのは一つの典型的な事例でしょう。アジアと呼ばれる地域のなかでの共通経験は、ますます階層化されてきているのです。グローバリゼーションの過程で、越境家族の形成やエスニック・コミュニティはかつてなく拡がり、人々の接触空間はますます区分化してきています。

2　占領と開発

†場としてのアジア

以上のような認識のもと、ここでは「場としてのアジア」という考え方を提起したいと思います。これは、「アジア」というものが与件として、つまりあらかじめ地理的範囲として固定的に存在するのではなく、政策的に構想されていくもの、あるいは「アジア」を構想する主体によって積極的に表現されていくものだという視点です。

アジアと呼ばれてきた地域は、第二次世界大戦直後、典型的な後発地域であり、一九六〇年代初めにおいて、その経済発展の水準は、メキシコやブラジルなどのラテンアメリカ諸国には遠く及ばず、世界でもっとも貧困で人口過密な地域とみなされてきました。

しかし、一九六〇年代後半から七〇年代以降、東アジア諸国では国際競争力のある製造業生産が台頭し、製品の大規模な輸出が行われるようになります。この製品輸出の大半を占めたのが東アジアの新興工業国でした。これら諸国の所得は、いまではメキシコやブラジルを大きく上回り、先進国と呼ばれてきた国々と比較しうる水準にまで上昇しています。さらにアジアの産業化は、八〇年代から九〇年代には、タイやマレーシアなどの東南アジア諸国から中国、インドへと、アジア全域に拡がってきています。この半世紀のあいだに、アジアは、かつての一次産品輸出国から世界の工場へと、貧困地域から成長ゾーンへと移行したのです。

†変貌するアジア

そしてこの間に、アジアにおける人の移動も大きく変化しました。ここでは次の三点を指摘しておきたいと思います。第一は、冷戦体制が生み出した開発援助や「緑の革命」は、アメリカを中心とする先進諸国のアジアへの関与と深く結びつき、アジア地域を直接に世界市場と連接し、農村社会を含めた人々の生存維持基盤の根幹を解体してきたということです。帰るべき場を失った人々の大量の出現こそ膨大な賃金労働の形成過程であり、その後のアジアの展開を規定することになります。

第二は、急激な産業化と並行して起こった移民労働の増加であり、戦後世界経済の転換点であるオイルショックと中東への労働力移動によってもたらされました。一九七〇年代以降における原油価格の高騰と中東産油国における巨額のオイルマネーの存在が、アジア諸国の経済構造・社会構造の転換と移民労働者の出現に決定的な影響を与えました。しかし一方では、オイルショックを克服する過程で、アジア諸国では新たな産業化が進展し、これまで欧米諸国によって垂直的に分断されてきたアジア諸国が、ＡＳＥＡＮのように相互に連関する一つの経済圏としてのまとまりを形成してきたのです。

第三は、グローバリゼーションの過程で、アジア地域の階層分化が国境を越えて進行し、新しい富裕層が台頭してくるとともに、飢餓を想起させる従来の貧困ではなく、都市スラムにみられるような新たな貧困が堆積してきていることです。アジアの都市では、ジェントリフィケーションが進み、各都市は巨大なマーケットとなり、ニュー・リッチと呼ばれる階層が台頭してきています。アジアという場においては、グローバリゼーションの光と陰が先進諸国以上に集約的に現れてきているのです。

さらに現在におけるもっとも大きな変化は中国の台頭であり、中国とアメリカの対抗あるいは新たな冷戦、そして日本を含めた既存の欧米諸国が形成してきた国際秩序への中国の挑戦でしょう。ほんの数十年前に、今日の中国の台頭を予期した人はほとんどいませんでした。いまや中国は世界第二の経済大国にまで成長し、戦後の世界体制を根底から変えつつあります。終息の方向が見えないコロナ禍後の世界は、こうした課題をいっそう複雑にしており、今後の動向を予測することは不可能でしょう。

†二つのアジア

アジアは、世界で最大の人口を抱え、無数の言語とさまざまな慣習や言語などの文化が織りなす、もっとも多様な地域です。欧米とは異質とみられてきたアジアは、モダンに飽き足らない多くの欧米の芸術家を惹きつけ、音楽や絵画などに多くの影響を与えてきましたが、他方では、近代から逸脱した特殊な存在として、オリエンタリズムの対象でもありました。これらを一括してアジアと捉えようとしてきたのは、先進諸国から眺めるさまざまな研究者の作為であり、地域研究と呼ばれてきた学問領域のまなざしです。

地域研究は植民地支配期に始まり、大戦後のアメリカによる占領政策によって拡がり、その後の世界戦略の柱としての開発などの政策的な要請にもとづいて定着しました。とりわけ地域研究とアジアとのかかわりで重要なのは、第二次世界大戦期のアメリカのアジア政策の遂行、その後の占領です。アメリカ国内では、国家政策による明確な目的に沿った研究が、大学や研究機関で組織的に行われてきました。いわば地域研究こそが冷戦体制のなかで、アメリカのアジア戦略に対して知的枠組みを提供し続けてきたのです。

アジアに対する認識はこの数十年のあいだに大きく変わってきたとはいえ、これまでのアジア認識がそうであったように、そこでは変化を続けるアジアと悠久の時間を生きるアジアというものが、繰り返し対比的に捉えられてきました。

近代都市の高層ビル群のすぐ隣にスラムが拡がる光景、携帯電話を持ち歩くビジネスマンの横に物売りの子どもたちが群がる姿は、アジアを象徴する風景です。言うまでもなく、こうした景色はアジアだけではありません。発展途上国の首座都市に建設された国際空港や大都市が作り出す景観は、どこの国においても大差はありません。しかし、アジアにおける変化はあまりに急激です。一九七〇年代からのきわめて短い期間に欧米諸国と肩を並べるまでに経済成長を遂げ、所得水準がきわめて高くなった現在においても、アジアの多くの国では、都市の旧市街地においてこうした光景が見られ、さらに都市から一歩外に出ると、変わらぬ農村地帯が拡がっています。

しかしながら、都市のなかのスラムと呼ばれる地域や農村地帯などの外観にもかかわらず、このほんの四半世紀のあいだに、農村を含めたアジア社会は、歴史上かつてない変化をこうむってきました。一見したところ変わらない様相をみせながらも、大都市のスラム・クリアランスは急激に進み、消費社会の浸透によって人々の生活様式は大きく変化し、社会を支えてきたさまざまな規範や価値観、組織や体制が揺らいでいます。変化は、たんにGDPで示される経済発展の水準だけではありません。政治や社会あるいは文化と呼ばれるもの、国家の権力構造から共同体のあり方や家族形態まで、大きく変質してきたと考えられます。この変化を推し進めてきた要因の一つは、アメリカによる世界戦略として遂行されてきた「開発」という名の新しい近代化です。

†植民地統治の遺産と占領統治

アジアに対する開発戦略は、旧ソ連に対抗したアメリカの主要な対外戦略であり、経済援助や農村開発は冷戦体制の産物でした。しかしアメリカのプレゼンスは、政治的介入や経済的援助などの直接的な介入だけではありません。前章でも触れたように、アメリカのアジアへの軍事的な介入は占領期に始まり、朝鮮戦争からヴェトナム戦争期において、アジア人労働力の大量動員を引き起こしました。人的な動員は、ひとたび起きれば家計や共同体の根幹を揺るがし、経済的・社会的なネットワークを作り上げ、人の動きを加速します。

ヴェトナム戦争時の基地建設が、韓国における財閥形成の基盤となったのは有名な話ですが、企業と一体となった労働力輸出は、その後の産油国でのインフラ建設の先行的な役割を果たしました。またフィリピンでは、看護やエンターテイナーなどの女性移民を組織的に送り出すことになります。ここで重要なことは、米軍基地の建設や労働提供が、フィリピンや韓国において海外において通用しうる労働力の標準化をもたらし、その後のこれらの国からの海外への移民労働者の大量流出を促す契機となったことです（洪志瑗「韓国における労働力移動の展開とベトナム戦争」、ジョハンナ・ズルエタ「A Place of Intersecting Movements」)。

占領が及ぼした影響は間接的と言えるかもしれませんが、駐留米軍基地を通じた消費社会と大衆文化の浸透などは大衆消費財やポピュラー・カルチャーのアジアへの浸透を直接的に促してきました。アメリカにおける難民やアジア系移民への移民政策の転換（一九六四年）は、米系企業のアジア進出とともに、アメリカとアジアとの心理的な距離を著しく縮めたと言えるでしょう。世界経済の構造変化が、アメリカの直接的な浸透を介して、アジアの経済や政治だけでなく、文化や社会を根底から変えてきたのです。

第二次世界大戦後の植民地支配の終焉は、まぎれもなく新しい時代をもたらしました。とはいえ、植民地支配期とその後が断絶しているわけではありません。植民地支配を通じて創り上げられてきた行政・官僚機構、軍事支配体制、農村構造など、あるいは戦争による動員過程で実施された権力構造や社会構造の組み替えなど、これまで植民地遺制と呼ばれてきたものの多くは、独立後の政治体制の基盤となりました。植民地化という近代化が、独立後のポストコロニアルな近代へとつながってきたのです。

†開発の衝撃

近代化は都市の工業部門にとどまりません。「緑の革命」として注目を浴びた農村開発計画もまた、冷戦の産物でした。農村はしばしば政治不安の温床とみなされ、生産力を引き上げるという目的のもとに、多収量品種の導入を柱とする土地改革を含めた農業政策が実施されました。農業の産業化という意味での緑の革命は、伝統的な土地の所有関係を根底から変革し、新しい地主層を形成することにありました。言うなれば、近代的な土地制度の農村への急速な浸透です。小作や土地無し農民（ランドレス）は、土地を奪われ、農業労働者に置き換えられ、さらに生存手段を奪われて都市へと移動することになりました。

緑の革命が農村社会に与えたインパクトは、輸出用農産物の大規模化ではなく、小麦やトウモロコシなどの、人々の生存にかかわる基礎的な食糧生産の変化にあります。パッケージ化された基礎食糧生産の導入は、高収量ハイブリッド種子、化学肥料、農薬、農業機械といった直接的な農業生産から、農村金融、流通までを含めた農業生産の全体を大きく変えることになりました。機械化農業は伝統的な生存維持農業を崩壊させ、土地無し農や零細農から雇用機会と生存基盤を奪いました。彼らの都市への流入こそが、アジアの巨大都市化をもたらすことになります。

農村社会の生活に現れたもっとも顕著な変化の一つは、大衆消費財や耐久消費財など大量生産された消費文化の農村への流入です。衣食住という生活のもっとも根幹的な部分においても商品化が浸透し、市場経済が農村にまで入り込むようになりました。共同体的な慣習によって支えられてきた共同作業は衰退し、伝統的とされてきた慣習に支えられてきた相互扶助組織は変質しました。商品経済の浸透が及ぼした大きな影響は、農村経済の市場経済への依存とともに、これまで零細農の家計を支えてきた農村副業の壊滅的な打撃です。農業者が職人を兼ねる場合や自営的な生産者がかなりの割合を占めていたことはたびたび指摘されてきました。農村社会の収入は、これら非農業的な生産によっても支えられていたのです。

さらに、市場経済の浸透は消費財に留まりません。生産財や土地の商品化を含めた農村社会への市場経済の浸透は、これまでの地主・小作関係といった農村の雇用状況をも一変させ、農業生産への機械の導入など産業化を引き起こしました。それによって雇用機会を失った膨大な貧困層は農村から都市へと大規模に移動します。

都市へと流入した膨大な人口の大半は、近代的な産業分野に吸収されたのではなく、最低限の生存を維持するために、インフォーマル・セクターと呼ばれるスラム経済を肥大化させてきました。しかしながら、都市へと流入し職を得られなかった人々が、新しい経済機会を求めて海外へと出かけたわけではありません。国際的な労働力移動は、むしろ一定の能力を備えることによって初めて可能になるのであり、都市での経験を積んだ有職者から海外へと出稼ぎに出ることになります。

このように、アメリカを中心として遂行されてきた開発は、工業化の経済的基盤を作り出しただけではありません。世界的な規模での無制限な労働力供給を引き起こす農村社会の変質、国家権力から家族制度にいたる再編成など、社会編成の転換をも含むかたちで行われてきたのです。戻るべき場を失った無尽蔵の労働力供給こそが、アジア諸地域のもっとも国際競争力を持つ商品として発見されたのであり、グローバリゼーションの時代におけるアジアの変化の底流にあったのです。

3　グローバリゼーションのなかのアジア

†顕在化する移民労働者

ホブズボームのいう「黄金の（一九）六〇年代」の高度成長の終焉によって、欧米先進諸国では、第二次産業に従事する人口が絶対数においても減少に転じ、工業生産拠点が急速にアジアへとシフトしました。一九七〇年代に出版されたＯＥＣＤの報告書（『アジアの挑戦』）では、アジアの急速な工業化が欧米先進諸国経済の地位をおびやかすことへの危惧が表明されています。しかし、そのおよそ一〇年後に出版された世界銀行の報告書（『東アジアの奇跡』）において、アジア諸国は経済発展のモデルとして絶賛されたのです。

アジア製品は世界市場を席巻し、製造企業の一部は単なる下請けではなく、先進諸国と比較しうる水準へと発展し、韓国や台湾の企業のなかにはアジア域内や欧米諸国を含めた諸外国への対外投資を進めているところもあります。こうしたアジア系企業の台頭は、アジア人移民の増加とともにアジアに対する「恐怖」を欧米諸国のなかに醸成してきました（イエン・アング「オーストラリアの「アジア的」将来に立ち向かって」）。

アジアが世界の製造業生産の拠点として台頭した大きな理由の一つは、国内に抱える膨大な人口を低賃金労働力として利用しえたことです。しかしながらアジアにおける無尽蔵の低賃金労働力は、国内の産業化を担っただけではありません。アジア人労働力は、欧米諸国を含めた世界の各地へと移動することになり、世界的な労働市場に甚大な影響を及ぼし、労働市場のグローバル化を促したのです。

第3章でも触れたように、アジアからの膨大な移民はプランテーション労働やアメリカ大陸横断鉄道の建設労働など、一九世紀の欧米諸国のアジアへの浸透以降、歴史的に繰り返されてきました。しかしいま起こりつつある移民は、その拡がりにおいてこれまでとは大きく異なります。すなわち、国内の農村から都市への膨大な人口移動を底流として、首座都市といわれる中心都市の膨張、そして世界都市ニューヨークやロンドンに至る都市の階層性として現れてきています。いわば、「グローバル・マス・マイグレーション」の時代に入ったのです。女性やエスニック・マイノリティの人々を含め、これまでの閉鎖的な共同体のなかに囲い込まれてきた人々は生存手段を奪われ、移民労働者として顕在化したのです。

†産油国への出稼ぎ

大規模なアジア人移民の契機を創り出した要因の一つとして、すでに述べたように中東産油国への出稼ぎが挙げられます。莫大な原油収入に支えられた産油国が巨大な市場としてアジア諸国の前に現れ、そこでの出稼ぎが膨大な外貨収入をもたらしました。

多くの国では、国内の開発政策と並行して、失業問題と外貨不足を一挙に解決しうる方法として、国策的な労働力送り出し政策がとられるようになりました。韓国や中国は建設労働者を組織的に送り出し、フィリピンは、移民庁によって政策的に移民労働の育成と送り出しを行いました。一九八〇年代のアジア各国からの労働力移動の八割以上が中東産油国に向かったとも言われています。なかには移民送金が外貨収入の過半を占める国も出現し、移民労働者が国家的英雄として称揚されることもありました。

中東産油国への労働力輸出は、国家的な財政を支えてきただけではありません。労働者家計の生存戦略をも大きく変えてきました。出稼ぎ移民の家計には莫大な所得がもたらされ、移民が移民を誘発し、あらゆる階層が移民予備軍になったのです。これまでの移民は限られた地域や階層を出自としてきたのに対して、中東出稼ぎの拡大によって、あらゆる人々が潜在的に海外へと雇用機会を見いだしうる状況が生まれたのです。ひとたび移民送金が家計戦略のなかに組み込まれれば、中東への出稼ぎは他地域への出稼ぎと容易につながります。産油国への労働力移動の拡大は、その後の他の地域への移動をも増大させる引き金となったのです。

†欧米諸国への移動

アジアから欧米諸国への移民は近代における労働力の供給源であり、戦後においては、駐留軍関係の仕事の従事者に対する移民ビザの発行、国際結婚、奨学金制度などによって、アジアからの移民は多様化してきました。欧米諸国において人種差別的な移民政策が撤廃され、一九七〇年代から八〇年代以降、欧米諸国への移民は急激に増加していきます。

アジアにおける不均等な経済発展は、域内の階層化を内包して、農村社会から先進諸国への移動の階層的な流れを拡大してきました。インドネシアやフィリピン、タイなどの周辺の低所得の国々から、シンガポールや香港、マレーシアなどの比較的高所得の国々へと膨大な移動が起こり、さらに欧米諸国へと流れたのです。

アジアからの移民は、世界の労働市場において製造業などの生産に従事する低賃金労働を供給しただけではなく、一九八〇、九〇年代以降は、ソフトウェアの開発などハイテク産業の新たな分野における技能労働者も供給してきました。移民労働者は、基本的には低賃金労働者ですが、専門職・起業家の国際移動の急拡大は、韓国の台頭や中国経済の影響力の浸透を反映してきたといってよいでしょう。またすでに指摘したとおり、グローバリゼーションの時代において、再生産労働と呼ばれる家事労働やケア労働にかかわる女性移民が増加しています。このことは、アジア社会における家族制度や社会体制を大きく変えてきており、再生産をも含めた世界的な規模での新しい越境空間を作りだしています。

†消費文化の浸透

アジアは、現在においても世界における製造業の一大生産拠点です。中国やインドといった国々を含めた膨大な人口が、かつてない規模での無尽蔵の低賃金労働力を供給し、世界の製品市場におけるコスト競争の水準を一変させてきました。アジアにおける低賃金労働力の供給は、世界市場において、製品コストに占める労働コストの割合を極限まで低下させたのです。輸出加工区と呼ばれてきた特定の地域だけでなく国内全域において、雑貨や繊維産業からハイテク産業の部品まで、世界中に輸出されています。

アジア人を担い手とする生産は、アジアという場に留まりません。さまざまな形態の労働力が国境を越え、人の移動こそが国際分業を変えてきました。アメリカ西海岸のシリコンバレーを支えるのはアジア系企業であり、アジア人移民です。ニューヨークのチャイナタウンの衣服産業では、中国資本の下に、中国人移民だけでなく、より賃金の低いカリブ海地域出身の移民労働者が雇用されています。フィジーの輸出向け産業では、インド資本の下に、多くのアジア人労働力が利用されています。

こうした産業の担い手として、アジアの内部から経済官僚だけでなく、新しい経営者層や専門家、技術者などが台頭してきました。ITや情報経済への移行は、新しい技術者層を生み出しつつあります。ニュー・リッチと呼ばれる彼らは郊外の高級住宅地に住み、レストランで食事をし、ショッピングモールで買い物をし、家電製品や車などの多くの耐久消費財を購入します。彼ら・彼女らは、欧米諸国で教育を受け、インターネットをあやつり世界中を飛び回る、新しいライフスタイルの担い手です。こうした層は、決して例外的な存在ではありません。アジアは、いまや多国籍企業の生産拠点であるだけでなく、新たなグローバル資本の担い手として登場してきているのであり、重要な販売市場となってきたのです。

アジアの消費社会への移行は、富裕層に限定されるわけではありません。疑似的ではあれ、これまでとは異なるライフスタイルを求める消費文化は、農村居住者や都市底辺層を含めた広範な人々にまで浸透してきました。テレビやビデオ、冷蔵庫などは、スラムの底辺層にまで入り込んでおり、ファストフードやポピュラー文化は若年層の生き方をも変えてきました。女性の賃金労働者化は、現金稼得機会を増やすことになり、単なる家計補助を越えた意識変化をもたらしてきています。さらに移民の女性化が急速に進み、家族制度を含めた従来の家父長制が変質してきています。消費文化への憧れ、欲望と所得のギャップは、彼ら・彼女らを大都市へ、そして欧米諸国へと駆り立てます。

†新しい貧困

これまで貧困は「飢餓」として捉えられてきました。しかし現在のアジアにあるのはこれまでのような飢餓への恐怖ではないでしょう。もちろん飢餓そのものがなくなったわけではありません。環境破壊による自然災害は毎年のように繰り返され、道路やダム建設、大規模プランテーション開発によって追われた人々は、最悪の条件での生活を余儀なくされています。労働力そのものの商品化は、犯罪や売春のグローバル化をも促してきました。

しかし、新しい貧困はグローバル化した消費社会が生み出した貧困であり、国境を越えた亀裂を、アジアと呼ばれてきた地域に持ち込んできています。子どもの教育費を稼ぐために母親は海外へと出稼ぎに出ますが、他方で日々の家計を支えるための児童労働はむしろ増えています。これは、「自己責任」と評される市場を通じた貧困です。

「構造調整」の名のもとに、アジアの多くの国では「民営化」や「規制緩和」が、先進国以上にドラスティックに展開されました。一九九七年のアジア通貨危機によって、急激な産業化の過程で台頭してきた新興の企業家のなかには倒産する者も多く現れ、経済の脆弱性を露わにすることになったのです。こうした過程で雇用不安は一段と拡大し、インフォーマル・セクターの不安定就業層は増加しましたが、かつてのような暴動を引き起こすことも少なくなり、飢餓や貧困はもはや社会変革のバネとして機能しなくなってきているように思います。

いまアジアでは、ニュー・リッチといわれる層の拡大とともに、ニュー・プアと呼ばれる低就業貧困が急速に増加しています。そこで進行しているのは、グローバルな資本の世界戦略の最底辺を構成する多くの人々が、政治的な決定からは排除されていくという事態なのです。

第8章 移民国家としての日本

1 日本における国民と移民

†忘却されてきた移民

近代国家は、主権行為の一つとして、国境を越えて移動する人々を制限し、さらには入国者の誰を国民とするのかを決めることができるとされています。出入国の管理と国籍要件は移民政策の基本的部分の一つであり、近年、欧米諸国における主要な政治的争点となってきました。しかしながら、日本において「移民」という言葉から思い浮かべられることが多いのは出国する人々であり、極貧からの脱出を夢見た農民や国策として送り出された「棄民」であって、かつての植民地であったアジア地域から来た人々ではありません。

日本においては、戦後、移民はまともな政治課題として取り上げられることはほとんどなく、政治の陰に押しやられてきました。それは日本がこれまで移民を受け入れてこなかったからでも、移民や難民の流入者数が極端に少ないからでもありません。戦後の国家再編の過程で、移民を論じることが忘却され、忌避されてきたからです。これは移民が看過されてきたということではありません。移民を送り出しあるいは受け入れてきたことを認めながらも、日本の国家形成にとって移民が不可分であったことや、その後の展開において決定的な役割を果たしてきたことを、あえて問題としなかった、あるいは見て見ぬふりをしてきたということです。

†国策としての移民送り出し

国民国家の形成の歴史は、いずれの国においても国境を越える人々の移動の歴史です。日本もまたその例外ではありません。一九三五年の芥川賞第一回受賞作品は、世界恐慌期の日本からブラジルへとわたる移民を描いた石川達三の『蒼氓』です。貧困にあえぐ貧しい農民が家財道具をすべて売却し、神戸の移民収容所からサンパウロの農場に到着するまでをリアルに描いた作品です。日本の植民地拡張の過程で、農村の過剰人口対策として、満州（中国東北部）、南洋（東南アジア、南太平洋諸島）などへと、国家による移民の組織的送り出しが行われ、植民論などの社会科学だけでなく、多くの文学や評論で取り上げられてきました。

移民の送り出しは第二次世界大戦後も続き、政府が関与した中南米への移民は一九七三年まで続きます。日本の高度成長を底辺で支えた炭鉱労働者のルポルタージュ『追われゆく坑夫たち』（一九六〇年）、『地の底の笑い話』（一九六七年）の著者上野英信は、エネルギー政策の転換による炭鉱の閉山によってブラジルに渡った移民たちを追いかけ、『出ニッポン記』（一九七七年）を著しました。国策としての炭坑の閉山は国策としての移民へと連なり、上野がインタビューをした元炭鉱労働者の一人が語ったように、移民たちは「国策に振り回された」のです。

日本の資本主義は、戦前から戦後の高度成長期に至るまで、アジア地域からの低賃金労働力に依存しながらも、他方で多くの移民を海外に送り出してきました。世界大戦へと至る過程で台湾や朝鮮などの植民地地域から日本に流入した移民労働者は、数百万人規模に達するでしょう。また、一九八〇年代末から九〇年代に、アジアから多くの低賃金労働者が流入し、「外国人労働者問題」なるものがマスコミを通じて華々しく展開されました。ここで「外国人労働者」と呼ばれた人たちの多くが、かつての植民地地域の出身者であることは必ずしも偶然ではありません。

†抹消された移民の歴史

日本は一九八〇年代になってはじめて「移民問題」に直面したわけではありません。しかしながら、第二次世界大戦後の日本では、「非移民国」であるという神話が政策的に喧伝され、移民は政府からもまた研究対象としても、忘れ去られてきました。

大阪商船シアトル丸に乗船した移民たち（『南米日本人写真帖』1921年刊より）

日本の移民にかかわる研究や実証は、第二次世界大戦前には、大学においては植民論として講じられ、満鉄（南満州鉄道）などの研究機関においては組織的に研究が行われました。しかし戦後は、戦争に協力したとして批判され、移民にかかわる研究そのものまで忘却され、放置されてきたのです。その結果、植民論は開発論へと横滑りし、かつての植民地からの移民労働者とその二世や三世の問題は、「在日」の問題へと変換されました。

移民の歴史は、一般的には、国民国家と植民地の形成の物語のなかに埋もれてきました。経済発展は国家領域のなかに閉じて論じられ、産業化に必要な追加労働力は、基本的には国内における農民層分解によって、農村社会から調達されると考えられてきたのです。しかし現在先進国と呼ばれる国々の多くは、一方では産業化を移民労働者に依存しながらも、他方で社会不安などに対する政策としても余剰労働力を海外に送り出してきました。

移民国と呼ばれたアメリカにおいてすら、一九世紀後半から二〇世紀初めまでの時期に、年間一〇〇万人に達する南東ヨーロッパからの新たな移民労働者の流入と並行して、入国した移民の多くが出身国に戻ったと言われています（もっともアメリカには、入国統計はありますが、出国統計はありません）。さらに、アメリカでの大規模な移民受け入れの時期は、南部農村地帯から北部工業地帯への大規模な国内労働力の移動の時期と一致します。非移民国を自称してきた日本やドイツなどの国においても、大規模な国内移動とともに、国境を越える労働者の流出入は一九世紀の産業化に伴って増加したのです。

一八世紀から一九世紀の国民国家・植民地形成、そして産業化の時代は、大陸内ならびに大陸間、そして国境を越える膨大な人の移動が見られた時代でした。国境を越える人の移動は、国民経済が閉鎖系としては完結しえず、個々の国の歴史が一国史としてはありえないことを示しています。しかし国家は政策的にどのようなかたちで移民労働者の出入国を管理するのかという裁量の余地を持っており、それは各々の国の国民（ネイション）のあり方ならびに産業化の過程にしたがって、固有の特質をもつことになります。そして移民の歴史は国民の歴史の背後に押しやられてきたのです。

そのような視点からみると、日本が「非移民国」と自称していることや、それにもかかわらず歴史的にも移民を送り出し／受け入れてきたこと、いま外国人労働者と呼ばれた人たちを含めて多くの「外国人」が日本という場に定住していること、そして多くの海外で生活する「日本人」がいることは、現代世界という文脈から捉えなおすことができます。このような日本の状況は、決して「特殊」ではないのです。にもかかわらず、なぜ日本において移民問題なるものが政治化しなかったのでしょうか。

†移民送り出し国としての日本

国境を越えるヒトの移動がモノやカネの移動と大きく異なる点は、移動に対する国際的なルールや規制、制度が欠如しているという点にあります。言うまでもなく、モノとカネとのあいだにも大きな差異があり、そのことが現在は大きな問題となっていますが、それでも貿易や国際金融においては、歴史的にさまざまな制度や機構、規範やルールが形成されてきました。

それに対して、人の移動に関する世界的な制度などが形成されたことはありません。国際移住機関（ＩＯＭ）は、そのホームページをみればわかるように、統計などを調べるには便利なものの、規制などを行っているわけではありません。国境を越える人の移動は、資本主義の世界システムの変化を映し出してきたのです。一九世紀半ばに日本が世界経済システムと連接するとともに、日本における人の移動は、近代世界の移民の枠組みのなかに組み込まれることになりました。

一九世紀には、アフリカ大陸からアメリカへという大西洋を渡る奴隷移民に代わって、インド人や中国人など、アジアからの半強制的といわれる契約労働移民が増加します。日本からの移民送り出しもその一つとして始まりました。特に一九世紀末からの重化学工業化と植民地主義的な対外拡張の時期以降、日本でも産業化とのかかわりから移民労働者の流出入が増加するようになります。

日本の植民地主義と移民に関しては多くの研究蓄積があります。国民国家の形成が他者である外部を包摂しつつ排除してきた歴史について、またアジアへの植民地拡大が政府の組織的な移民政策を伴って遂行されたことについては、数多くの研究が行われてきました。しかしながら、こうした研究蓄積にもかかわらず、日本資本主義の形成・展開において人の移動が果たした役割については、十分な関心が払われてこなかったように思います。

もっとも国民国家形成における移民への関心が欠落してきたのは、日本だけではありません。さらに移民研究においても、労働市場の状況が移民政策と直結してきたわけではありません。アメリカにおいてすら、労働市場の状況は移民の増減ときわめて高い相関があったにもかかわらず、移民政策への関心は低かったと言われています（Briggs, *Immigration Policy and the American Labor Force*）。また西欧の多くの国は二度の世界戦争までは基本的に移民送り出し国でもあり、国民国家の形成や植民地主義が大規模な人の移動を伴っていたことについては周辺的な関心しかありませんでした。

日本もかつてはアジアにおける代表的な移民の送り出し国であり、かつ流入国でした。現在の外国人労働者の問題を考える際に忘れがちなことですが、このことは歴史的には周知の事実です。日本は人口や労働力の過剰に対して移民送り出し策をとり、他方では植民地からの労働者の流入を図ってきました。一九世紀半ばの近代国家への移行から第二次世界大戦後の高度成長が始まるまでの約一世紀にわたって日本は、ハワイや南北アメリカ大陸などにおよそ一〇〇万人の移民を送り出しています。このなかには、旧植民地地域へのいわゆる「移住」は含まれていません。これらを合計するならば、第二次世界大戦末の海外在住の日本人総数は六〇〇万人を上回るといわれています。

†認識の断絶はなぜ起きたか

他方で日本へは、明治の初めから居留地を中心として、欧米および中国・朝鮮からの人口の流入がみられました。これら当初の入国者は、主として貿易ならびにそれに関連する職業でした。しかし、日本資本主義の発達にしたがって、次第に炭坑や産業労働者として外国人労働者の流入が増加します。特に一九二〇、三〇年代以降の重化学工業化と戦時経済の時期には深刻な労働力不足に直面し、植民地地域から大量の移民労働者が流入しました。その総数は強制連行を含めて、第二次世界大戦末にはおよそ二〇〇万人にも達したとされています。

戦争はもっとも多くの人の移動を引き起こす要因であるとともに、その後の移民の流れを規定するものでもありました。日本によるアジア地域への植民地拡大は、植民地からの底辺労働力の流入と植民地への移民の流出を引き起こします。それは現在の外国人労働者と呼ばれる人たちをはるかに上回る規模でした。この大規模な移民の歴史があったという事実と、戦後の非移民国であるという言説、そして一九八〇年代の外国人労働者にかかわる論争とのあいだには、明らかに大きな断絶があります。問われるべきは、その断絶を可能にしてきたものは何だったのか、ということでしょう。

移民にかかわる研究は、第二次世界大戦後に、貧しい南からの大規模な移民の流入に対して、豊かな北の諸国が移民を管理する政策の学として始まりました。日本における移民研究は、そうした欧米諸国の移民研究を導入することによって、つまり戦前の植民論とは切り離されたかたちで始まったのです。それゆえに、戦時期ならびに戦後占領期の人の移動は移民研究の対象とはみなされませんでした。しかし、現代の移民にかかわる課題がポストコロニアルな課題としてあるならば、この二つの時代を切り離して論じることは、重要な課題を隠蔽することになるでしょう。すなわち移民研究は戦前の移民を隠蔽し、結果として、日本は移民の国ではないという政治言説に加担してきたのです（杉原達『越境する民』）。

†引き揚げという移動

戦前の植民地主義期における移民と現代の移民とを接続する鍵は、総動員体制によって遂行された世界大戦とその後の占領体制の時期における人の移動にあります。二度の世界大戦とそのあいだの世界恐慌は、一九世紀から二〇世紀初めまでの植民地主義期における古典的な移民の流れを大きく変えることになり、戦後の人の移動を規定してきました。これまでも戦争は多くの人々を移動へと駆り立ててきましたが、二度の世界戦争はこれまでとは規模においても、また質的にも大きく異なるものでした。この戦争は、大量の民間人の動員と参加によって遂行された総動員体制の戦争であるとともに、戦争とは直接関係しない植民地住民を巻き込んだ戦争でした。

戦争で移動するのは軍人だけではありません。総力戦と呼ばれた二度の世界戦争以降、軍需工場や軍事施設などは民間人の動員によって、そして民間企業によって建設され、後背地の諸業務に携わる労働力として、女性を含めた民間人が大量に動員されました。さらに、植民地の人々の戦争への動員が当該地域の社会構造を大きく変貌させ、その後のアメリカによる軍事支配や占領支配体制の基盤を形成したことは先に指摘したとおりです。

世界戦争の終結は、ふたたび膨大な人の移動を引き起こします。戦場に出かけていた軍人の復員や民間人の引き揚げが行われたからです。さらに国境線の引き直しや新しい国家の出現は、新たな地域紛争の勃発とエスニック集団の大規模な移動を引き起こすことになりました。

こうした移動の多くは、しばしば戦争という異常時から正常な状態への〈復帰〉を掲げて実施されたとみなされてきました。いわゆる「引き揚げ」や「帰国事業」は、戦時から平時への回帰の物語、国民国家の再建の物語へと作り替えられ、その後の国籍や移民にかかわる政策の根幹となったのです。

この歴史上まれに見る大規模な移動は、冷戦の拡大と占領によって、現代に連なる人の移動を規定することになりました。日本においても、復員や民間人の引き揚げと称する移動とともに、旧植民地出身者の母国への帰国や朝鮮半島への「帰国事業」というかたちで、大規模な移動がありました。こうした移動は、戦争という異常事態によって奪われた母国への帰郷の物語として、逸脱した歴史から正常化の物語へと創り上げられ、そのことによって、移民研究から戦争の問題を覆い隠し、さらに植民地主義の痕跡をも消し去っていったのです。大戦後の人の移動は、直接的な引き揚げや帰国あるいは難民だけでなく、その後の朝鮮半島からの「密航」、「残留孤児」、沖縄からの人の移動などへ連なり、日系人を含めた外国人労働者へと行き着くことになるのです。

帰国事業で新潟港を出港する帰還船（1971年）
（朝日新聞社提供）

†「非移民国」というイデオロギー

このように移民研究は、戦争ならびに終戦直後の時期を研究対象から外してきました。正確に言うならば、現在研究対象とされる移民というカテゴリー自体が、戦前の移民とは断絶されるかたちで、戦後に成立してきたのです。

敗戦によって、日本人と外国人が国際法にしたがって区分けされただけでなく、日本人の再定義も行われました。その過程で、日本は移民の国ではないという神話が作りあげられ、産業政策としては、一貫して「単純労働」の移民は認めないという政策がとられることになりました。

このことが可能だったのは、膨大な余剰労働力を抱えた労働市場の再編に成功し、それを基盤として高度経済成長を成し遂げることができたからでしょう。戦後すぐのもっとも重要な政策課題の一つは、膨大にふくれあがった失業者問題でした。国民の再生産を労働力の再生産として機能させる一環として、非移民国というイデオロギーが位置づけられたのです。

しかしながら、改めて指摘するまでもなく、第二次世界大戦後においても、沖縄からは多くの人たちが海外へと出かけていき、また占領軍としてのアメリカとともに、新たな基地建設の労働者がフィリピンなど海外から流入していました。アメリカの軍事基地化とともに、沖縄はふたたび、日本における人の移動のクロスロードとなったのです。

2　国民の再生産と外国人労働者

†労働市場への外国人労働者の流入

第二次大戦後の欧米諸国における戦後復興ならびに高度経済成長が海外からの多くの移民労働者に依存してきたのに対して、日本は基本的には外国人労働者に依存することなく行われた、ということが言われてきました。高度成長の過程で、産業界から積極的に外国人労働者の流入を求める強い要求はほとんどなく、政府は一貫して「未熟練」の外国人労働者の受け入れを容認しないという基本原則を掲げてきました。

しかし、バブル経済に沸いた一九八〇年代後半になって、日本は深刻な労働力不足に直面し、移民労働者が急増します。西欧諸国がほぼ例外なく一九五〇年代から六〇年代の高度経済成長期に移民労働者が大規模に流入したのに対して、日本ではむしろ高度経済成長期が終わってから外国人労働者の増加を経験したのです。これはなぜでしょうか。

経済学における重要なテーマの一つは労働力の過剰であり、失業問題であって、労働力不足ではありませんでした。しかし資本主義の諸局面において、急激に資本蓄積が行われる時期には、必要な労働力をどのように調達するのかが喫緊の課題として浮上します。労働力不足、あるいは賃金上昇は、ときとして技術革新のバネとなってきたと言われてきました。労働力不足が経済成長の決定的なボトルネックとなったときには、直接的な解決として移民労働力が導入されます。戦後復興から高度成長における西欧諸国への旧植民地からの移民労働者の流入や、産油国の産業化への外国人労働者の流入は、その典型例です。

資本蓄積という観点から捉えるならば、外国人労働者の流入は国内労働市場の階層化と並行して進み、移民労働者は流動的で不安定な底辺労働力として導入されます（A. Portes & J. Walton, *Labor, Class, and the International System*）。労働市場の階層化は、一般的には大企業を中心に組織化された主要労働市場と、競争的中小規模の企業を中心とする副次的労働市場とに区分されます。さらに副次的労働市場の縁辺には、劣悪な労働条件で不安定な雇用形態の低賃金労働によって担われる不安定就業者層が形成されてきました。移民労働者は、階層化された労働市場の縁辺に流入し、柔軟な労働力として底辺労働に従事させられます。移民労働者が還流（出稼ぎ）移民形態をとるのは、安定的な職に就けないからでもあります。

日本資本主義における重化学工業の急激な展開過程において、労働条件の劣悪な底辺部門などでは、植民地地域からの労働力に依存しました。移民労働者は、底辺労働の追加的労働力としての役割を担うことになり、一九二〇年代以降、朝鮮などの植民地から外国人労働者の流入が増加したのです（杉原薫ほか編『大阪・大正・スラム』）。また、戦時経済への移行とともに臨時工などの底辺労働力は減少し、深刻な労働力不足を経験することになり、外国人労働者の政策的な流入が組織的に図られました。外国人労働者は、国内における底辺労働力供給に代替して、労働力編成のなかに組み込まれることになったのです。特に一九三〇年代以降、鉱山労働をはじめとして、朝鮮など旧植民地地域から労働者が大量に調達され、強制連行を含めた組織的な戦時動員が拡大されます。一九二〇年代から敗戦までの時期は、戦時動員体制のもとで日本資本主義の組織化が急速に進み、労働市場の空隙を外国人労働者の大量流入によって充たしたのです。

†労働市場の二重構造

戦後は復員兵や海外からの引き揚げ者などによって、労働市場は膨大な余剰労働力を抱え込むことになりました。過剰な労働力は、労働人口の五〇パーセントを超える農村人口と一〇〇〇万人を上回る失業者など、数千万人規模に膨れ上がりました。膨大な失業者の存在が政治的そして社会的な危機として認識されたのです。

奇跡ともいわれる経済復興を支えた要因の一つは、これら膨大な余剰人口による低賃金労働力の無制限な供給にありました。農村からの季節労働者は、建設や中小企業の一時的労働力を供給し、大企業と中小下請け企業の二重構造は再建されました。高度成長期には農業部門から工業部門へと移動した労働者は一〇〇〇万人を上回る規模に達し、農村人口の減少は他の先進諸国と較べて、短期間のあいだに急激に進行しました。一九六〇年代後半には、農村からの人口流出はほぼ限界に達し、農村からの新規労働力供給は枯渇し、日本においても労働力不足が表面化してきました。大企業への就業増加によって、中小企業などの副次的労働市場への労働力供給は減少し、中卒就業者は「金の卵」といわれるようになります。

日本の高度成長期に外国人労働者の流入を求める声がまったくなかったわけではありません。しかし輸出産業中心の産業構造がいち早く再編され、それに対応した階層化された労働市場が、二重構造と言われてきた日本の労働市場を創り上げました。副次的労働市場を構成する「出稼ぎ労働者」あるいは「雑業層」といった形態は、しばしば日本資本主義の後進性を示すものと捉えられてきました（大河内一男「賃労働における封建的なるもの」、隅谷三喜男『日本の労働問題』、並木正吉「戦後における農業人口の補充問題」）。しかし底辺労働の担い手である不安定就業層の存在そのものは、労働市場の階層化が一つの制度として確立したことを意味するものでした。

日本において労働力不足から、海外からの労働者に対する需要が増してきたのは一九八〇年代後半のことです。このタイムラグはいくつかの要因が重なったことによるものでしょう。まず言えることは、労働力不足が経済成長の決定的なボトルネックになる以前にオイルショックに見舞われたことで高度成長の時代が終焉を迎え、労働力需要が減速したことです。

さらに一九六〇年代後半から七〇年代以降、日本企業の海外直接投資が加速度的に進行し、アジア地域への労働集約的単純生産工程の移転が急速に進みました。特に労働力不足に直面した中小企業がいち早く海外に生産工場を移転した点は注目すべきでしょう。また、省力化技術の導入によって労働生産性を引き上げることに成功し、企業側からの外国人単純労働者の導入要求が尖鋭化しなかったことも挙げられます。

ただしこの時期に日本の労働生産性が高かったわけではありません。むしろ欧米諸国と比較して低い水準にあり、先進技術を導入する余地が残されていました。一九七〇年代に入ると、ＩＣ技術の発達などによって生産工程の技術革新が一挙に進み、技能労働への依存が低下しただけでなく、単純労働に対する需要の伸びが鈍化し、製造業生産での労働力需要の増加要因が相殺されたと考えられます。特に、労働力不足の直撃を受けた中小企業でのロボットの導入にみられるように、大企業のみならず中小企業を含めた産業構造全体の再編成を急速に進めることに成功したのです。

さらに、長時間労働の継続と女性・高齢者を含めた広範な労働力の活用、自営業の解体、あるいは技術革新や産業再編に応じた職種間移動を容易にしてきた企業内労働市場の柔軟性、産業構造の変化に対応した迅速な国内労働力の移動（企業内転勤）、臨時工・社外工等の本工への移動など、さまざまな要因を指摘できます。

一九八〇年代後半のバブル経済によって、日本は、外国人労働者が短期間のうちに急増する事態に直面しました。歴史においては、同じ形態が異なった状況のなかで別の意味を持って繰り返し現れます。底辺労働力の不足による外国人労働者の流入は、日本にとって初めての経験ではありません。日本における外国人労働者の新規流入者数は、欧米諸国と比較した場合、きわめて少ないものでした。外国人労働者の大量の流入が起こる前に、その受け入れの是非を問うかたちで論争が行われ、流入そのものを「問題」化したのです。

外国人労働者の流入の是非をめぐる論争は、「開国」か「鎖国」かというかたちで展開されました。いわゆる「開国」を主張する論者は、日本社会の閉鎖性を打ち破る契機として外国人労働者の流入を容認する立場に立ちました。他方「鎖国」を主張する論者は、日本社会の均質性こそが経済・社会の発展を支えてきた基盤であり、外国人労働者への依存はその基盤を掘り崩すものと捉え、外国人労働者の流入を規制すべきだと主張しました。このようなかたちでの論争は、多くの国で繰り返されてきた論争と同じものであり、これ以上立ち入る必要はないでしょう。ここでは、その後の議論が、外国人労働者の流入の是非をめぐって行われ、論争の展開を方向づけてきた点を確認しておけば十分です。

†両者の共通点

この論争過程において重要なことは、「開国」の立場に立つ者は進歩的であり、「鎖国」の立場は保守的であるということではありません。開国／鎖国という、一見したところ相反する立場にある両者が、無自覚にではあれ議論の前提を共有してきた点にあります。

すなわち第一には、両者ともに外国人労働者問題なるものを、日本が外国から押しつけられた、いわば「外圧」と捉えていたことです。「開国」／「鎖国」という表現はこのことを端的に示しています。日本が直面している外国人労働者の問題は、基本的には膨大な人口を抱える経済発展水準の低い周辺アジアの送り出し国側の問題であり、日本にとってはいわば外部の問題が持ち込まれた予想外の出来事だと考えられていたということです。したがって、外から押しつけられた、あるいは日本側の意図とはかかわりなく入ってきた外国人労働者の増加に対してどう対応するべきか、といったかたちで問題の立て方がなされ、世界的に新たな移民の時代のなかにあるという認識は欠落していました。

第二には、両者ともに、日本人の国民性あるいはエスニシティに対する日本人の考えを欧米のそれとは質的に異なるものであるとし、日本社会の特殊性を、暗黙にあるいは明示的に強調する点です。日本社会の均質性は、「開国」を主張する立場からは対外的な閉鎖性・排他性を示すもの、日本資本主義の後進性の象徴と捉えられます。それに対して「鎖国」を支持する人々は、日本人の均質性を治安のよさや社会規律の維持といった面から積極的に評価し、エスニック問題を抱えていないことが日本社会の安定性の基盤だと主張していました。欧米諸国の外国人労働者政策あるいは移民政策についても、前者は近代社会の先進的な政策と評価し、後者は失敗と捉えていました。しかし、明示的あるいは暗黙に日本社会の均質性を強調し、それゆえ日本のケースは「特殊」であり、欧米諸国のそれとは本質的に異なるということを前提としてきた点では同じだったのです。

したがって、日本の問題を近代国民国家が共通して抱える民族あるいはエスニシティの問題として捉える視角は希薄でした。また、問題の多くを日本社会の特殊性に帰すことによって、逆に日本固有のエスニシティ問題を浮き彫りにしていくような意識も生まれにくかったといえます。

日本における外国人労働者の急増は、日本経済の構造転換や世界的な移民の流れとは切断して論じられてきました。移民労働者の流入を積極的に促す日本国内の要因は副次的であり、一九八〇年代後半から九〇年代初めのバブル期の労働力不足の状況も、それが外国人労働者の流入を不可避とする日本経済の構造変化とは捉えられなかったのです。

3　移民国家のパラドックス

†「外国人労働力問題」の発見

アジアが世界最大の移民送り出し地域の一つであり、日本がそのなかにあるということは、改めて確認しておく必要があります。日本に流入してきている移民労働者の出身国の多くが、かつて日本の植民地支配が及んだ近隣のアジア諸国です。日本の「外国人労働者」として論じられた問題には日本固有の課題があることは否定できません。しかしその多くは、西欧諸国と同様に、かつての植民地支配の歴史と切り離されたものではなく、そのことをグローバリゼーションの時代の問題として認識しておく必要があります。日本が特殊であるとか例外であるといった論調それ自体が、移民という研究領域の政治化を妨げてきたのです。

欧米諸国と比較して、日本の移民労働者にかかわる特徴を指摘するならば、日本では正規の移民労働者を認めなかったがゆえに、大多数の移民労働者が資格外活動など、法的な弱者の地位におかれてきたことがあります。もちろん、法的に容認されない移民はいずれの国においても多いものの（Mae M. Ngai, *Impossible Subjects*）、日本では正規の移民労働者の受け入れ（front door policy）がないままに、日本語学校や技能実習生制度などを通じた非正規移民労働者の流入（side-door policy）を制度化し、さらに、「不法就労」と呼ばれる不法滞在者の増加（back-door policy）を容認してきました。

日本への移民労働者の送り出し国は、一九九一年の出入国管理および難民認定法の改正、イランなどとのビザ相互免除の停止、警察による資格外活動の取り締まり強化、日本語学校の認可基準の見直し、そして技能実習制度の改訂などが行われるたびに、その構成や入国方法が激しく変化してきました。日本における移民労働者をめぐる状況は、問題となり始めた一九八〇年代後半以降の短い期間のなかでも、世界経済や日本経済の状況に応じてめまぐるしく変わってきたのです。

最初に出稼ぎ外国人労働者として注目を浴びたのは、皮肉にもいわゆる「ジャパゆきさん」の増加でした。もっとも彼女らは労働者として取り上げられることはなく、「アジアの貧困」と「日本人の風俗・モラル」の問題として衝撃的に紹介されたものでした。しかし労働力不足から男性労働力の流入が漸増し、一九八八年には不法就労逮捕者数において男性が女性を上回ったことが、ニュースで伝えられるようになりました。このことは、いわゆるバブル経済のもとで、産業労働者として外国人労働者の流入が急増したことを示しています。同年には、労働省（現・厚生労働省）において外国人労働者に関する報告書が提出され、ここに外国人労働者が「問題」として本格的なかたちで登場したのです。

バブル経済崩壊後の一九九三年以降、新規の移民労働者は次第に減少していきますが、「出稼ぎ」と呼ばれてきた人たちのなかには、長期に滞在する移民労働者さらに定住外国人へと転換してきた人々がいます。この間に政府や地方自治体においても、「多文化共生」が政策課題として掲げられ、外国人居住者は増加を続けてきました。そしていま、人口減少社会への移行、IT技術者や看護・介護労働者の不足から、外国人労働者の政策的な流入がようやく議論の俎上にのぼり始めたのです。

✝商品としての移民労働者

世界的な統合化と国家や地域間経済格差の拡大が進むなかで、発展途上国にとって労働力の輸出はもっとも国際競争力を持つ商品です。世界経済の統合化の過程で、発展途上国において人々の生存手段が急速に崩壊し、あらゆる人々が移民となりうる時代となってきています。他方、少子化や高齢化社会は先進諸国の共通した課題であり、もはや発展途上国からの移民労働者を欠いては、経済だけでなく社会も成り立たなくなりつつあります。現代における人の移動は、ネオリベラリズムが世界的に浸透する過程で、労働市場というもっともナショナルな単位すらもグローバル化し、国境を越える移民労働者が国際商品となったと言い換えることもできます。

サービス貿易の自由化が進むなかでは、当然の帰結として、サービスを提供する人の移動の自由化も課題とならざるを得ません。日本においても、外食産業やコンビニなどの消費者サービスだけでなく、ソフトウェア産業などにおける外国人雇用は急増しています。これまでのように建設業や、農業、製造業などの単純肉体労働だけでなく、情報産業やハイテク産業が外国人労働力によって担われているのです。そして、人の移動の自由化と人の移動を管理する国家主権との矛盾が、ナショナリズムやレイシズム、移民政策や難民受け入れをめぐる闘争として現れてきています。

人の移動は多様であり、現代の人の移動は、経済的ならびに政治的・文化的・社会的なグローバル化の深まりのなかで、世界のあらゆる国のさまざまな層の人々による多様な目的を持った移動として現れます。そうした多様な人の移動においては、移動する人々の階層化がますます顕著になってきています。日本における移民労働者の急増は、このような世界釣な規模で展開している移民状況の一断面です。

各々の国の移民にかかわる政策や移民の社会的な受容は、同時代的な共通した課題を共有しつつ、国民国家の形成の痕跡を強く帯びてきました。いまや日本も実質的に多くの移民が存在する状況が進行しており、その過程で日本の移民政策そのものも大きな転換を迫られています。急速に進む高齢化と人口減少社会への移行、そして産業の衰退という事実は、これまでの移民にかかわる議論に大きなインパクトを与えてきました。

†試される民主主義

先進諸国では、経済成長に支えられた福祉国家体制は崩壊し、「不安」や「恐怖」を煽る政治が反移民感情の高揚と結びついたナショナリズムの台頭をもたらしてきました。雇用不安が極端なレイシズムをかき立てる半面、移民労働者に依存しない社会が構想されているわけではありません。もはや移民国と非移民国という分類は意味をなさなくなってきており、あらゆる国が国民と他者との分断が引き起こす矛盾を抱え込まざるを得なくなってきているのです。

しかしここで重要なことは、それをパラドックスや矛盾としてきたのは、政策側の意図、政治の問題、さらには受け入れ社会そのものだということです。そのことへの認識の欠落こそが、移民という存在を政治の陰にしてきたのです。日本の事例は、そのことを典型的に示すものだといえるでしょう。

日本における議論は、自らを「例外」あるいは「特殊」だと、しばしば暗黙のうちに想定してきました。これはすでに強調してきたように、意図的な政策によるものであるとともに、移民に関する研究者の作為でもありました。しかしいま、日本も移民国家としての「パラドックス」に直面しているのです。グローバル化の過程で政策課題として、一方では少子高齢化と人口減少のなかで経済成長を維持するには移民の流入が不可避だという認識があり、他方でその流入による社会的経済的帰結がもたらす「不安」や「恐怖」が喧伝され、双方のあいだでのジレンマにあることがはじめて理解されてきたのです。さらに多文化共生が政策の場でも喫緊の課題と認識され、ヘイトクライムへの政治的な介入が論じられるようになりながらも、なおこのパラドックスから抜け出す第一歩を踏み出せずにいます。

ここで私は、移民を受け入れることが進歩的であり、閉め出すことが保守的だと言っているのではありません。むしろいまわれわれが早急に共通した認識として考えるべきことは、(1)国境を越える人の移動を政策的にコントロールすることが不可能になっていること、

(2)移民に対する法的な制度を整えることが（それによって人種差別がなくなることは期待できないにせよ）必要不可欠であること、(3)そのためには移民にかかわる諸課題に対して、政治の場においてオープンな議論が展開されることです。西欧諸国の経験から学ぶべきは、移民問題とは民主主義が試される場である、ということなのです。

第Ⅲ部

場所の未来

帰還困難地域に指定されている福島県双葉郡大熊町の商店街（2020年3月、時事）

第9章

境界からみる多文化共生

1　多文化主義の陥穽

†日常化する外国人就労者

世界的に移民や難民を排斥する流れが強まり、ヘイトクライムが問題となりながらも、日本でも事実上の多文化主義的な状況が進行し、政府や企業の標語として「多文化共生」が叫ばれるようになってきました。日本はすでに「多文化・多民族社会」であり、移民受け入れの是非を議論する段階ではないと言われながらも、人手不足や少子高齢化に直面して、改めてその是非が問われるようになってきています。

かつて日本において外国人労働者の受け入れが大きな問題となった一九八〇年代に比べ

て、この半世紀近くのあいだに日常の場で外国人に接する機会は格段に多くなりました。3K（キツイ、キタナイ、キケン）と言われた不規則で人目につかないバックヤードでの単純労働だけでなく、農漁業や製造業からサービス業までの幅広い分野で、多くの外国人労働者に出会います。さらに、近隣住民、学校や観光地において、もはや外国人は隠された存在ではなくなりました。多くの先進諸国と同じく高齢化が進む日本で、看護や介護の現場に多くの移民女性が就労するのも時間の問題でしょう。

コロナ禍以前には日本への外国人観光客は三〇〇〇万人を越え、日本に定住あるいは長期に滞在する外国人、そして結婚やビジネスで来日する人たちも増加してきました。人手不足のなかで、外国人就労者だけではなく、留学生や、海外からも奴隷的と批判されてきた技能実習生も広がり、多くの外国人が事実上の低賃金労働者として働いているのです。

†日本のなかの接触空間

そしていまでは、日本には多様な外国人との接触空間が拡がっています。古くからの在日の人たちが集住する大阪生野区の猪飼野《いかいの》や韓流ブームで賑わいを見せた新宿区の新大久保、南米日系人たちが働く群馬県の太田市や静岡の浜松、愛知の豊橋、オーストラリア人の別荘が立ち並ぶ北海道のニセコや長野の白馬、麻布など大使館や海外企業のエリートたちが住むエリア、そして基地の島沖縄における米軍関係者など、日本はいまや世界でも有数の外国人が暮らす国となってきたのです。

コロナ禍で激減したものの、長崎県の対馬もそういった接触空間の一つでした。対馬は島の九割を山林が占め、周囲は断崖絶壁で囲まれています。海上保安庁や自衛隊などが駐留する国境の島でもあります。人口は三万人弱（二〇二一年現在）で、人口減少が続いています。しかし島には、日本人観光客の一〇倍を越える韓国からの観光客が来ていました。対馬から韓国の釜山まではわずか五〇キロであり、福岡よりもはるかに近くにあります。島の北にある展望台からは、晴れた日には釜山が見えます。韓国からはもっとも近い外国であり、観光客の多くが日帰りです。街の土産物店など島のあちこちで韓国の人たちに出会います。日韓関係の悪化が影を落としてきたものの、ここ対馬は、韓国とのもう一つの接触空間でした。

韓国からの観光客は日本の各地で急増し、それに対して差別的言動が投げかけられてきました。ネット上の差別的な言葉、そして国家と国家とのあいだでみられるナショナリズムのぶつかり合いは、不安や恐怖を増幅してきました。しかしながら、日本のさまざまな場所で外国人と出会うことがいまや日常化しているのです。

各地で見られる越境空間も多様であり、その境界に立って日本を眺めることができます。

多くの外国人が居住する団地もあちこちに拡がっており、そこではゴミや騒音などの日常的な摩擦が起きていました。しかしながら、こうした摩擦は何も外国人だから起きたというわけではなく、活動時間の違いや世代間などのさまざまな差異のあいだでも繰り返されてきたことでしょう。そのなかで外国人居住者との摩擦が、とりわけ問題として取り上げられることが多かったように思われます。多文化共生を行政の立場から取り上げるとするならば、摩擦を回避するのが「共生」の課題ではなく、むしろさまざまな摩擦に一つ一つ対処していく回路を創り上げていくのが本来の共生のあり方ではないでしょうか。

日本が非移民国であるというのは一つの差別的な国家イデオロギーです。日本も国民国家の形成以降、多くの移民を送り出し、外国人を受け入れてきたことは前章で見たとおりです。そしてコロナ禍で減少したとはいえ、長期に滞在する外国人はおよそ三〇〇万人であり、移民労働者は二〇〇万人以上に達します。いずれもこれからも増え続けるでしょう。かつて出稼ぎと言われた外国人労働者の滞在は長期化し、その子どもたちも増加していきます。いわゆる国際結婚はおよそ二〇組に一組となり、その子どもたちの多くが日本で育っています。移民を受け入れるか否かは、もはや選択の問題ではないのです。コロナ禍であるいまこそ、多文化共生を唱えるだけの行政のあり方を含めて、直面している課題を考えることが必要です。

†多文化主義とは何か

日本において、「マルチカルチュアリズム（多文化主義）」は、しばしば「多文化共生」という日本語に置き換えられてきました。その理由の一つは、多文化主義がカナダやオーストラリアなど移民国と言われる国々の政策原理として紹介され、移民の人たちが持つ文化を尊重し、教育の場などでの相手国の理解を推し進める政策と考えられてきたからでした。それに対して、移民を認知していない日本では多文化主義という語ではなく、外国人との共存や共生という言葉が使われてきました。

現代はすべての国が多くの移民を抱えるようになった時代であり、各々の文化的な差異を尊重し、人権を守ることは、形式上であるとはいえ、国際的な規範になっています。さらに、近代国家が均質な国民によって構成されるというのは神話であり、いわゆる移民国だけでなく非移民国と言われた国々を含めて、最初から多文化・多民族的状況にあったことは、周知の事実として広く認められています。

しかし、いわゆるリベラル国家において、多文化主義が国家的な政策理念として認知されるようになったのは、第二次世界大戦におけるジェノサイドへの反省からであり、比較的最近のことです。西欧諸国にとっては、多文化主義という政策理念は、均質な国民を掲げてきた国民国家からの転換であり再編でした。ただし、しばしば対照的だとされるドイツとフランスのように（ロジャース・ブルーベイカー『フランスとドイツの国籍とネーション』）、国民国家の再編過程は各々の国や、さらに地域において固有の歴史があり、多文化主義的な政策や国家理念としての定着には、その国家の歴史的、社会的な基盤や状況が色濃く映し出されてきています。日本における多文化主義や共生の受容過程も、近年の世界的な多文化・多民族状況の流れへの対応を反映したものなのです。

†多文化主義への批判

多文化主義、その言い換えとしての多文化共生が、その美しい響きとともに人々のあいだでかなり定着し、一般的には肯定的に受け取られています。文化的背景が異なるとされる人々、価値観や生活様式の異なると考えられる人々が、相互にそうした差異を承認し、共存することは、いまや表面的には多くの人たちのあいだで合意されてきているでしょう。

しかしながら、アメリカではトランプ（前）大統領の出現によって、白人社会の深層に眠っていた差別意識が一挙に噴出したように、また西欧諸国で台頭している極右のスローガンにみられるように、さまざまな軋轢や摩擦、対立が生み出されてきたことも否定できません。形式的・表面的なキャッチフレーズとは別に、差別は依然として残されているのです。

欧米諸国では、多文化主義はその功罪を含めて、これまでさまざまな批判にさらされてきました。多文化主義は近代における均質な国民国家という幻想を批判し、マイノリティとしての地位に置かれてきた人々を認知させてきました。しかし他方で、国民の中核にある「マジョリティ」による支配という構図自体は、根本のところでは変化することがなく、「マイノリティ」を包摂した拡大した国民像を作り出しているだけである、との批判もなされてきました。多文化主義的な政策が外国人の権利獲得に果たした意義は大きいものの、それが国家を分裂に導くものだという批判も行われてきました。

しかしその根底のところで多文化主義という言葉は、そしてその政策は、つねに国民というマジョリティから、他者である移民に対して投げかけられるものであり、移民と国民という二項対立的な構図自体は変化してきませんでした。アメリカにおけるトランプ前大統領の退任後の根強い保守人気、西欧諸国における移民排斥や右傾化といわれる現象、そして世界的な人種差別の台頭は、そのことを表しています。

†移民不在の移民研究

多文化主義や多文化共生という課題は、改めて言うまでもなく、移民の問題とつながっています。西欧の多くの国では、戦後復興から高度成長を支える大規模な移民労働者の流入政策がとられ、移民や難民の長期滞在や定住化と失業者の増大などの格差拡大が問題視されるようになりました。いまやそれは反移民のバックラッシュと極右の台頭へとつながり、リベラル国家が掲げてきた多文化主義のポジティブな意味合いは色あせてきています。

均質な国民国家という幻想が崩れていくにつれて、外国人の権利は、公式的には確実に拡大してきました。しかし移民への関心の高まりにもかかわらず、はたして移民に対する理解はどの程度進んだのでしょうか。なぜ移民問題や難民問題といわれるものが繰り返し論争を巻き起こし、混沌とした政治問題となり、解決の糸口すらつかめないのでしょうか。

移民・難民問題が混沌としている根本的な理由の一つは、移民や難民は政策の対象でしかなく、移民や難民そのものが認識されてこなかったからです。いわゆる「移民問題」を問題としてきたのは、受け入れ国であり、受け入れ社会です。移民問題は移民側の問題ではなく、「われわれ」の問題だったのです。移民や難民と呼ばれる人たちと受け入れる側との非対称性こそが、移民なき移民研究、移民を欠いた移民政策をもたらしてきたといえるでしょう。

いま、不況の長期化とともにコロナ禍において、移民労働者に依存する経済でありながらも、そして多文化主義的な理念が定着しながらも、移民あるいは外国人排斥を掲げる政治がふたたび台頭しています。こうした問題の焦点の一つとしてシティズンシップをめぐる議論があります。シティズンシップは、法的な資格や権利としてだけでなく、国籍、さらにアイデンティティにかかわる議論として展開されてきています。しかしながら、日本では、ときとして「市民権」として取り上げられながらも、現在問題化しているようなかたちでは十分に取り上げられてこなかったように思えます（飯笹佐代子『シティズンシップと多文化国家』）。

2　シティズンシップとは何か

†日本でシティズンシップを問う意味

シティズンシップはその名のとおり、本来は「シティズンであること」を意味します。それが政治課題となったのは、イギリスの社会学者トマス・マーシャルが近代国家に包摂される人々の諸権利が拡大していく過程を、「市民的権利」（一八世紀）、「政治的権利」（一九世紀）、「社会的権利」（二〇世紀）と発展段階的に整理したことによります。日本語では、しばしば「市民権」と訳され、このことが日本でシティズンシップ概念に関して誤解を招いてきました。それはこのようにシティズンシップを権利として捉えてきたからです。一般的にはシティズンシップは「共同体の完全な成員資格という概念と結びついた基本的な人間の平等」として理解され、一応は「国籍」と区別されてきました。その一方で、市民権はしばしば「国民」に付随する権利、そして義務として問題化され、外国人のシティズンシップはあくまで例外的な問題と理解されてきました。

のちにみていくように、第二次世界大戦後に多くの移民労働者を受け入れてきた西欧諸国では、シティズンシップは大きな政治課題となってきました。それは、一方では移民を国民化する回路として議論され、他方では、従来の領域的な国民国家に対して多文化主義にもとづく新しい国家のあり方を示唆するものと考えられてきたのです。

ここに、シティズンシップという考え方の両義性をみてとることができるでしょう。アメリカの社会学者であるロジャース・ブルーベイカーは、フランスとドイツとの詳細な比較を通して、「内部包摂性」と「外部排他性」というシティズンシップの両義性を指摘しました（『グローバル化する世界と「帰属の政治」』）。シティズンシップは社会統合の装置として機能しますが、それは国家による包摂の装置であるとともに分断の装置でもあります。シティズンシップとは、「国際的なデータ整理システム、人々を国ごとに振り分けてゆく一つのメカニズム」であり、かつてのような領域国家から成員資格による結合体としての国家像への転換を促す重要な装置なのです。

とはいえ、欧米諸国における活発な論争とは対照的に、日本ではシティズンシップを移民にかかわる問題とする議論はあまり行われていません。その違いを生み出した基本的な要因は、大量の移民労働に依存して戦後復興を遂げてきた西欧諸国と、海外からの引き揚げ者ならびに農村から労働力を調達することができた日本との差でしょう。これについては第8章で論じたとおりです。西欧諸国は戦後の復興過程とそれに続く高度成長の時代に、多くの移民労働者（その大半が旧植民地出身者でした）を受け入れたのに対し、日本では、旧日本植民地出身者の問題は「在日」と呼ばれ、国籍からも、そしてシティズンシップの議論からも除外されてきました。

しかし、日本でシティズンシップがほとんど論じられてこなかった背景はそれだけでしょうか。そして、西欧が直面してきた課題は日本にとって他人事なのでしょうか。戦後の高度成長期の日本経済が、海外からの移民労働者にほとんど依存しなかったというのは事実です。政策的に移民を受け入れなかったというよりは、膨大な余剰労働力に恵まれ、その後にはロボットなどの省力化技術がいち早く採用され、たまたま外国人労働者に依存しない条件に恵まれたからだと言ってよいでしょう。

同じく戦争によって大きな被害を受けた西ドイツは、ベルリンの壁によって東ドイツを含めた追加労働力の流入がストップし、経済復興と成長政策を進めるには外国人労働者の受け入れは不可避でした。それに対して戦後の日本では、むしろ失業こそが大問題でした。

†制度的な立ち遅れ

しかし一九八〇、九〇年代以降、日本も欧米諸国が直面してきた課題を共通して抱えることになりました。近年では、少子高齢化や人口減少が大きな政治課題となり、また一部の産業分野では極端な労働力不足が顕在化しつつあり、都市サービスにかかわる職種だけでなく、製造業や建設業などの現場では人手不足がネックとなっています。特に喫緊の課題として高齢者介護の問題があり、ケア分野では一〇〇万人単位での人手不足が予測されています。

かつて極端な人手不足のもとで、外国人労働者の受け入れの是非をめぐって華々しい論争が繰り広げられました。そしていま、人口減少と高齢化社会が問題となり、労働力不足が切迫するなかで、移民についてようやく政治の場においても議論されるようになりつつあります。特に二〇一九年四月の出入国管理令改定は外国人労働者の受け入れへと舵を切るものであり、政府は認めませんが、実質的な移民の受け入れへの政策転換となるものです。

受け入れを肯定する論調は、少子高齢化と労働力不足の現状を前提として、受け入れの制度的・法的な基盤、医療や教育を含めた条件整備、さらに日本文化や価値観の多様化、差別的・排他的な日本社会の転換などの議論に集中してきました。改めて指摘するまでもなく、これらの問題以前に、外国人の法的ならびに受け入れの諸条件の整備はきわめて重要です。また、外国人の出入国や国籍に直接かかわってきたのは政府であり、法的・制度的な変革に消極的なのは国です。地方自治体やNPO・NGOのなかには外国人の受け入れに積極的に取り組んできた多くの事例があります。

これまで多くの移民を受け入れてきた欧米各国と比較したときに、日本が制度的に大きく遅れていることは否定できないでしょう。とはいえ制度的・法的な基盤や日本社会の差別構造にかかわる議論が必要であることは認めつつも、日本の「移民問題」なるものを、いわゆるグローバリゼーションのなかで捉える視点も欠かせません。日本の課題をたんに政策的な遅れや社会の特殊性などに還元してしまうことは、西欧諸国が直面している「移民問題」なるものを看過することにもなりえます。

†シティズンシップの両義性

西欧諸国が大量の移民を受け入れてきたのは第二次世界大戦後のことであり、それらがいわゆる「移民問題」として政治化されてきたのは、たかだか半世紀前のことにすぎません。西欧諸国では、第二次世界大戦期のホロコーストなど大量殺戮の歴史から、人種差別が厳しく批判され、国家原理として正統性を持ちえないことが確認されてきました。それゆえに外見上非白人と見られる人々に対する差別は、少なくとも法的には人種差別として批判されるようになったのです。欧米諸国では、人種差別的言説は政治家として致命的な失格の証とみなされます。

しかし表向きの人種的な寛容さは、経済不況が深刻化するなかで、さまざまな社会的な摩擦を生み出し、移民の選別やバックラッシュが起きています。二〇一五年一月のフランス『シャルリ・エブド』紙編集者襲撃事件に反応して起こった、「私はシャルリ(Je suis Charlie)」というスローガンの拡がりは、フランスというもっともリベラルとみなされてきた国においても潜在する差別意識やリベラル国家の「寛容」の複雑さを象徴するものでした。

西欧諸国の多くの国でいまや移民問題は政治のもっとも重要な争点となり、グローバル化した世界において、移民は「リベラル国家」への重大な挑戦と位置づけられてきています。移民にかかわる議論は、しばしばシティズンシップの両義性をめぐって展開され、「やっかいな課題」となっています。シティズンシップは、弱者にとっての武器であるとともに、権力にとっての管理の手段でもあるからです。日本において外国人労働者がふたたび論点となるときに、かつての開国／鎖国の不毛な論争を繰り返すのではなく、グローバルな課題のなかで日本においてシティズンシップがいかなる問題を提起するのかを考えなければならないでしょう。

3　移民国家への課題

†歴史的帰結としての移民受け入れ

西欧諸国にとって、旧植民地からの移民労働の流入というのは、戦後復興にとって不可欠な労働力であっただけではありません。それは植民地支配期におけるさまざまな遺産の帰結であり、独立時の脱植民地化紛争がもたらしたものでもありました。つまり、これまで移民を送り出してきた西欧諸国が移民の受け入れへと転換するというのは、是か非かという問題ではなく、ある意味で歴史の帰結だといえるでしょう。もちろんそれを認めようとしない保守や極右が存在することは事実です。非西欧からの、すなわち南の地域からの大規模な移民は、西欧諸国において、歴史上初めて直面した課題だと認識され、これまでの国民国家に大きな課題を突きつけることになりました。

それでは、いま先進国とよばれる諸国が直面する「移民問題」とはそもそも何なのでしょうか。その前提としてあるのが、すでに指摘したように、(1)第二次世界大戦ならびに植民地支配への反省から生まれた、戦後の人権レジーム(反人種差別)であり、(2)いわゆる多文化・多民族化の定着です。

近代国家は、ナショナルな均質性、伝統といわれるもの、国民文化なるものを所与としてきました。しかしそれらは近代国家形成の過程で創り出されたものであり、いまや均質な国民国家という幻想は崩れ、さまざまな批判にさらされてきました。また、移民や外国人の人権の尊重は国家としての正統性を保障し、戦後体制としての「民主主義」という「普遍性」の受け入れを浸透させてきました。人種差別が厳しく批判され、移民政策におけるさまざまな制限が、法的あるいは形式上は撤廃されてきたのです。人権レジームと多文化主義は、各国において受容され、国家レベルにおいて、さらに社会的にも基本的には定着してきたといってよいでしょう。

日本には、しばしば人権という意識、多文化社会という認識が欠落しているといわれます。特に政治の場において、移民を受け入れないと公言され、人種差別的な政治家の発言が繰り返され、日本文化の礼賛がナショナリズムを煽ってきました。しかしだからといって、日本が世界的な人権レジームの外に置かれてきたわけではなく、多文化・多民族的な流れに無関係でいたわけでもありません。

日本を含む先進諸国では、一九七〇年代以降、高度経済成長の時代が終わり、完全雇用と福祉国家を目標とした政策が破綻し、豊かさの時代が終焉しました。多くの失業者を恒常的に抱えるようになった西欧諸国の多くは、これまでの移民政策を転換し、受け入れを規制するようになりました。しかし高度経済成長期に享受してきた大量消費社会、福祉国家という体制は、低賃金の移民労働者を欠いては維持できません。それゆえに、移民が規制されるようになり、国内では高い失業率が常態化し、若者の失業者が増加しながらも、移民の絶対数そのものは減少しなかったのです。

†迫られる統合原理の転換

不安定就業の拡大によって、社会的不安が拡大し、そのはけ口として移民労働者が標的となる事件が各国において多発しています。福祉国家から新自由主義国家への移行によって社会不安が増大し、そのスケープゴートとして移民に対するバックラッシュが勢いを増した、というのが一般的な理解です。事実、不況の拡大が極右の台頭と連関し、移民に対する襲撃などが増えています。これは移民問題ではなく、政治や経済問題であり社会問題だというのも一面の真理です。

しかし、そうした経済問題や社会問題の側面とは異なる、移民の増加が現代国家に突きつけた国家の統合原理の転換という、より深刻な課題があります。それでは、多文化主義はもはや賞味期限切れのイデオロギーになってきたのでしょうか。旧植民地を含めた非西欧諸地域からの移民の増加は、近代国家の根幹を揺るがしてきました。シティズンシップはそうした状況の過程で、より明確な法制度の枠組みのなかで再提起されてきたのです。すでに述べたように、シティズンシップは、長期に滞在している移民を国民化する回路、社会統合の新たな装置として機能してきました。

グローバリゼーションの時代においては、新たなシティズンシップの装置がどのように機能するかが問われることになります。シティズンシップの基本的な原理は、基本的にはヨーロッパ中心主義のなかで発展してきた普遍主義であり、グローバルな規範である人権と一体となって問題化されてきました。

そして多文化主義という思想は、本来的にはこれまでの西洋近代が創り上げた均質な国民を前提とする国民国家像やリベラル国家像への挑戦であったはずです。すなわち、ここで課題となっているのは、欧米が創り上げた秩序や規範、さらに理念などの普遍性そのものなのです。シティズンシップにかかわる議論は、こうした西洋中心主義の再構築として利用されてきたことも否定できません。

†国民と移民の非対称性

日本も、もはや「移民社会」であることは否定しえないと移民にかかわる研究者の多くが認めています。にもかかわらず、そのことを看過した議論が根強く行われています。また、移民の受け入れを積極的に支持する議論において、移民の専門家の一部からはしばしば、「日本にとってプラス」「外国人が日本にいることのメリット」「少しでも良い人材に来てもらう」「日本人の脱構築」等々の意見が並べられます。移民の受け入れは日本の「国益」であり、日本にとってプラスかマイナスかが判断基準にされます。そこから、「少しでも良い人材に来てもらう」とか、外国人の存在が日本の後進性を「脱構築」する存在として取り上げられるのです。

さらに多くの国における論争においても同様ですが、国益という観点は、受け入れるべき移民の選別として、すなわち、「良い移民」と「悪い移民」との政策的な差異化として機能することになります。これらの議論の立て方が有する問題点は、すでに多文化主義に対する批判のなかで繰り返されてきました。たとえば、移民の受け入れに積極的な論調が、ともすれば移民を自国にとって有益であるか否かを判断基準としており、あたかも移民を自国文化の豊かさを示す陳列棚の道具としていることなどです（テッサ・モーリス＝スズキ『批判的想像力のために』）。

外国人に対して広く日本を開放するという議論は、これまで閉鎖的といわれてきた日本社会にインパクトを与えるためのレトリックとして使われてきたかもしれません。日本では、多様な文化や思想が共存し、相互に理解することは重要だと言われながらも、多文化主義が政治的には定着することはなく、まともに論じられることもありませんでした。

多文化主義だけでなく多文化共生という言葉も、マジョリティからマイノリティに対して投げかけられてきたのであり、その逆はありませんでした。国民国家という文化装置が根強く定着し、そのなかで国民と外国人は非対称的な位置に置かれます。これは民主主義を掲げてきた西欧諸国を含めて、いずれの国家においても否定しえない現実政治の世界です。このような現実に対して、人種というのは幻想であり人々は平等であるといった理念が、そしてそれを掲げた多文化主義が、どのような役割を果たしてきたでしょうか。むしろ平等が語られることによって、逆に差別を見えなくしてきたともいえるのです（ひろたまさき『差別の視線』）。

加えて、再三指摘してきたように移民や難民にかかわる研究それ自体が、現実と理念とのギャップを拡げてきました。結果として、移民にかかわる議論がナショナルなものの再構築の議論へと回収され、いつまで経っても「移民問題」は複雑な他者の問題であり、解決不能な政治課題とみなされることになるのです。

†理念と現実との乖離

もともと近代の資本主義のもとで移民労働者を受け入れることには、大きなジレンマがありました。近代の移民の大半は、希望を抱いて新たな地を目指した植民的移民ではなく、低賃金の単純労働力としての移動でした。たとえ人間として平等であると謳われたとしても、移民労働者の多くは、基本的には移民の仕向け地における労働市場の底辺に位置する安価で流動的な低賃金労働者であり、現地では労働力を満たすことが困難な職種、つまり当該国の労働者が「就きたがらない職種」に従事していました。いかにリベラルな観点から理念として内外人平等を掲げたとしても、移民は特別な能力や資産を持たない限り、社会の底辺に入り込むしかなかったのです。

そして第二次世界大戦後においては、欧米諸国における福祉国家体制という政治システムが、膨大な数の福祉などのケア労働者に支えられ、その大半が安価な外国人労働者に依存してきました。一方で移民規制が叫ばれながらも、他方では移民に依存した社会を作り上げてきたのです。

人権規範が近代国家の正当性と認識されているいま、人手不足といった経済問題を超えて、何が課題であるのかを提示することが求められています。

理念と現実には大きなズレがあります。現実を直視することも、理念を掲げることも誤りではありません。人権や民主主義といった理念こそが、あのジェノサイド、そして悲惨な人種差別を引き起こした時代への逆戻りに対する歯止めになってきたでしょう。他方で、近代というのは依然として差別を内包してきた時代であり、政治的な強制と経済的なインセンティブという現実的な手段がとられない限り、すなわち制度が整えられない限り、理念との溝が埋まることはないでしょう。

2021年1月6日、トランプ支持者に占拠されたアメリカ連邦議会議事堂（AA/時事通信フォト）

問題は、理念と現実とが大きくズレたときに極右的な議論が高揚し、その暴走がなかなか止まらないことです。私たちはそれをトランプ時代のアメリカに見ました。多くの人たちが指摘してきたように、日本においてそのズレを生み出す根源には、他者あるいは異質なものへの拒絶といった日本社会がかかえる課題があるでしょう。近代と呼ばれる時代には、いずれの国においても、「国民」という差異化、「差別」の構造があります。

欧米諸国において、しばしばマイノリティの人々へ配慮しているにもかかわらず、なぜ問題は解決しないのか、という問いが投げかけられます。シティズンシップへの問いを、法や制度の問題のみにとどめるのではなく、グローバリゼーションという時代に応じたものとしなければ、いつまでも同じ問いを発し続けることになるでしょう。

第10章

人の移動とコミュニティという場

1 渇望されるコミュニティ

†処方箋としてのコミュニティ

「ふるさと」や「故郷」、あるいは「共同体」、そして「コミュニティ」。これらの言葉には魔法のような響きがあります。二〇一一年の東日本大地震と福島原発事故のあと、東北の村に古くからあったとされる「結（ゆい）」が再発見され、町内会のような近所付き合いが見直されてもいるようです。都市における高齢者の孤独死は近隣の無関心によるものだとされ、メディアでは「お隣さんの大切さ」が垂れ流されています。

かつてはこうした共同体＝コミュニティというのは、個人を束縛する前近代的な軛として批判され、否定すべき対象とされることもありました。それが現代においては、人々の集団のあり方として関心を集めているのです。著しい格差の拡大をもたらした市場経済や、漂流する個人化した社会。コミュニティは、これら現代が抱えるさまざまな問題に対処する有力な処方箋として取り上げられ、時代のフロンティアとして再登場してきました。

故郷という語は、ときにすべてを受け入れる居心地のよさや無条件の安らぎがあるかのような錯覚を与えます。また他方では、暗黙の慣習や決まりが支配し、よそ者を寄せつけない排他的な地域のようにも映ります。しかし、これらはともにしばしば誇張して語られてきた像であり、実態からはかけ離れたものでしょう。農村といわれる地域の多くは、いまでは道路の整備や通信の発達によって、物理的な意味での生活基盤は著しく改善されてきました。コンビニなどもない「限界集落」とみなされてきたところでも、日常生活にそれほどの不便はないという議論もあります（山下祐介『限界集落の真実』）。それでも職を求める若者は次々と都市へと出ていき、高齢化が急速に進み、人口減少が大きな問題になっています。かつてのように、墓を守るために退職後は都会から田舎に戻るといった人生のサイクルはなくなり、いわゆる「村」といわれるものは再生産されなくなって久しくなりました。

豊かな自然が残されているがゆえに、そして過疎であるがゆえに、迷惑施設であるゴミ処理場や原発などがつくられ、さらに放射性廃棄物の貯蔵施設や基地負担が強いられることになります。NIMBY（Not in my backyard）という言葉があるように、こうした人口減少による過疎化が引き起こす問題は海外でも共通したものです。たとえ公害をまき散らす工場や施設であったとしても、誘致しなければ地元の経済は成り立ちません。ムラ政治といわれる不明朗な決定過程、権益や利権政治もまた根強く残されています。しかし、中央の政治によって、周辺がさらに周辺化された地域を生み出し、都市の負を引き受けることによってしか、村は存続しえないのでしょうか。

豊かさとしての自然

初めて訪れた地であっても、この美しい自然をどのようにすれば守れるのかとか、この自然を壊してはならないと思うものです。ある思想家が比喩として、豊かさとは一人あたりの木の本数で表すことができる、と言ったことがあります。自然とは、癒しといったような単なる安らぎではなく、人間の生を保障する不可欠な環境だからです。ましてや自分の生まれた地であるならば、その地への愛着はそこにある自然とともに、同じ時間を過ごした人々と共有される記憶として、強く意識されることでしょう。

北東北の三陸海岸も豊かな自然が残る地方の一つです。あの東北を襲った大地震の前の

田老地区のかつての防潮堤（2008年）（時事）

ことですが、岩手県の盛岡から宮古、そして三陸海岸沿いの道を北上する旅に出かけました。木々の切れ目から現れる海岸線の美しさに圧倒されるとともに、その美しさは人間が生きていくうえでの厳しさでもあり、過疎が進んでいるだろうと想像されました。人を寄せ付けない切り立った断崖が海岸線に沿って連なり、突きだした半島の付け根には、わずかばかりの平坦になった入り江があり、小さな漁村が散在しています。もちろん、こうした漁村は、豊かな自然に恵まれており、決して所得水準が低いわけではありません。

宮古から北上し、田老という拓けた地区に迷い込んだとき、入り口の大きな鉄の扉とその先に見えた万里の長城にも擬せられた防潮堤に恐怖すら覚えました。入り口の碑には、ここは津波に繰り返し襲われた地であり、高くそびえるコンクリートの城壁は、その津波への防御である、と書かれていました。美しい海から遮断された景観を批判するのは、自然を破壊されたくはないという都会に住む者のエゴかもしれません。しかしその防潮堤も、今回の大津波では、逆に多くの命を奪うことになったと聞きます。

東北だけでなく、あらゆる地域の過疎は急速に進み、いわゆる観光地と呼ばれるところを除いては、地方の都市においてさえも商店街に人影はまばらです。3・11は、東北地方における人口流出と高齢化を数十年単位で早めました。復興というかけ声も、注目されているあいだはよいにせよ、関心が薄れるにしたがって、巨額の資金が投入された人工物は廃墟となります。

†コミュニティ願望と近代

3・11以降、「絆」があたかも魔法の言葉のように流された時期がありました。マスコミを通じて大々的に行われたコミュニティ願望のキャンペーンは、東北ではなく、孤独や格差がより深刻である大都市に向けられていきました。この意味においても、東北は政治利用されてきたようにみえます。コミュニティの復権が声高に叫ばれてきたものの、そこで求められてきたコミュニティとは何だったのでしょうか。そもそもそうしたコミュニティは存在したのでしょうか。

コミュニティという言葉で表現される範囲は、学校や企業などを含めて、人と人との結びつきのさまざまなあり方にまで拡がっています。しかしその語は、心地よい響きとともににつねに曖昧さを伴ってきました。近代という時代は農村社会の解体の歴史であり、農村から都市への移動の物語でした。その解体こそが、コミュニティを牧歌的な郷愁の世界へと誘ってきたのです。

近代という時代には、市場という合理性のなかに人々が巻き込まれ、人と人との関係がモノとモノとの関係に置き換えられていきます。合理性と効率性が尊ばれ、人間関係は契約関係に取り込まれていくのです。人間の能力は数値化され、人間の価値は貨幣で計られます。市場化した世界が支配するなかで、牧歌的な世界への憧れがコミュニティへの願望を生み出してきました。しかしコミュニティと呼ばれる種々の中間集団が行政機構の末端に組み込まれ、そしてマスコミなどによって賛美されるときに、集団への帰属意識は暗黙の強制のなかに取り込まれていきます。しばしば「空気を読む」といったような言葉が使われ、無言の強制が日常生活のなかに浸透してくるのです。コミュニティという言葉には、つねにそうしたあやうさがつきまとってきました。

人間と人間の関係が、すべて合理的・効率的な原理のなかで形成されるわけではなく、契約関係で結ばれるわけでもありません。政治や経済のシステムにがっちりと組み込まれているとはいえ、人々のあいだには市場関係や契約関係に還元しえない要素があり、さまざまな営みには、権力の介入しえないようなある種の共同性が働く余地が残されてきました。もちろんそれが、国家とは別の次元であるとか、自立した市民社会である、と言いたいのではありません。

市場経済が隅々まで浸透し、政治権力が日常生活の奥深く浸透したとしても、経済や政治の論理にもとづく秩序や統治に回収されえない余白があり、人々のさまざまな関係性をもたらす共同性というのは残されています。あるいはそういった共同性をたえず希求し、生み出していかなければならないでしょう。そこにこそ、コミュニティを再考する意味はあります。

†コロナ禍とコミュニティ

コロナ禍が叫ばれるいまコミュニティを再考するのであれば、その多義性・多様性と複数性こそ考慮しなくてはなりません（ジェラード・デランティ『コミュニティ』）。多義性・多様性とは、コミュニティなるものは固定的・静態的ではありえず、地域的な差異をもち、時代とともに変化してきたということです。複数性とは、人々は単一のコミュニティに帰属してきたのではなく、複数のコミュニティに属してきたということであり、さらに現代においてはそうしたコミュニティの範囲は容易に国境をも越えるということです。

コロナ禍において感染対策として主張されてきた「ソーシャル・ディスタンス（social

distancing)」は、まさに人と人との直接的なつながりや近接性にかかわるものであり、またワークフロムホームの普及などによって、インターネット上でのヴァーチャルなコミュニケーションが推奨されるようになりました。こうしたコロナ禍におけるコミュニケーションのあり方は、ふたたびコミュニティの意味あるいは条件を問いなおすことになるでしょう。

また、多義性・多様性をもち、複数性を有するものであったとしても、コミュニティなるものが国家によって叫ばれるときには、しばしばナショナルな想像の共同体が想起されることになります。コロナ禍のなかで、国家はコミュニティの議論のなかでふたたび特別な地位を占めつつあります。

グローバリゼーションの時代といわれるいま、コミュニティの復権で想起されるのはあの郷愁をそそる景観かもしれません。他方でそこに立ち現れるのは、ナショナリズムと結びついたイデオロギーとしてのコミュニティです。このナショナリズムと郷愁をかき立てる故郷とのズレが美しい自然や絆といった言葉によって巧みに利用されたとき、コミュニティという語はますます曖昧であやういものになっていきます。

2　グローバリゼーションとコミュニティ

†コミュニティの原型

現代のコミュニティにかかわる議論の多くは、ヨーロッパからの移住によって創られたアメリカ社会のイメージのなかにあります。アメリカにおいては、コミュニティは建国神話であり、家族とともに近代社会の基盤であり、民主主義の基礎とみなされてきました。移民たちはヨーロッパの前近代的な権力関係や宗教的な縛り、すなわち封建的な共同体の軛から解放され、自立した個人としての共同性がコミュニティを創り上げ、アメリカ社会の基盤を構成してきた、という神話です。国家が社会を創るのではなく、社会が国家を創るというものです。

コミュニティと類似した概念として「アソシエーション」があります。両者は、コミュニティは地縁や血縁など自然発生的であり属地的に存在するが、アソシエーションは人為的で社会契約的な関係のなかで存在する、というふうに対比的に理解されてきました。その差異はおおまかに言えば、アソシエーションが地域を含めたさまざまな共通性をもとに取り交わされた何らかの決まりにもとづく任意の集団であるのに対して、コミュニティは地域を基盤として親密な関係を共有する人々の集まりであり、暗黙の了解による強制を伴うポジティブとネガティブの両面をあわせもった集団だという点に見いだされます。

しかし、この二つは厳密に区別されるものではありません。アメリカのコミュニティ崩壊に警鐘を鳴らした『孤独なボウリング』（ロバート・D・パットナム）で取り上げられたのは一九六〇年代以降の中間層が住むスプロール化した都市郊外であり、地域的な親密さを基礎とした任意的な集団でした。つまり、両者をあわせもったものだったのです。

†変貌するアメリカのコミュニティ

コミュニティこそがアメリカ民主主義の基礎であり、権力を監視してきたと考えられてきました。そのアメリカのコミュニティのなかで対照的と思われたのが、トランプの出現を支えた草の根運動を標榜する「ティーパーティ」と、さまざまなエスニック集団の移民コミュニティです。この二つは、明らかにその出自や基盤、思想や目的、そして組織のあり方において対照的ですが、ともに有力な政治的な圧力団体となり、大統領選挙にも大きな影響を及ぼしてきました。

ティーパーティが掲げたのは、自立した個人によって開拓されてきたとされる古き良きアメリカの復権です。一方、移民コミュニティがめざしたのは、新たにアメリカに入ってきた移民たちの人権の擁護です。前者は、アメリカ中産階級の主流を構成してきた、いわゆる白人支配層の没落に危機感を抱いて、介入主義的な福祉国家的政策に反対し、共和党右派の有力な支持基盤となってきました。イラク戦争への参戦を支持し、移民の排斥を謳い、安価な政府を掲げる新自由主義的な改革を主張してきました。それに対して後者は、出身地域ごとに多様であり、しばしば出身地との結びつきを維持し、差別にさらされてきた移民の保護と権利の獲得を目的とした活動を行ってきました。

両者の決定的な差異は次の点にあります。すなわち、ティーパーティにとってのコミュニティは、没落に瀕した中産階級の不満を代弁し、コミュニティへの賞賛は強者の武器としてのナショナリズムの高揚と結びついてきました。それに対して移民コミュニティは、他者として主流社会から排除されてきた人々にとっての、自己防衛と生存維持として形成され、いわば弱者の武器として再生産されてきたものです。

ティーパーティがアメリカの保守派を典型的に表すものであるのに対して、移民コミュニティは、グローバル化の時代におけるコミュニティの変化を示す典型的な事例です。周知のように移民の国アメリカには、チャイナタウンやコリアタウンを始めとして、多くの移民の集住地域があります。移民はしばしば犯罪と結びつけられ、社会福祉のフリーライダー（ただ乗り）であり、職を侵食してきたと非難されてきました。しかし、多くの研究が明らかにしてきたように、移民の犯罪率は必ずしも高くはなく、移民企業は職を作りだし、アメリカ経済に大きな貢献をしてきました。移民に対する差別こそが移民コミュニティの形成を促してきたのです。

†ナショナルな装置への回収

この二つのコミュニティのあり方は、弱者の武器と強者の武器という点で対照的なものです。しかし両者は、コミュニティと呼ばれるものの共通性をもっており、現代のコミュニティが抱える課題については相似的でもあります。

ティーパーティだけでなく、移民コミュニティもしばしば、豊かで強いアメリカの復権をふりかざし、民主主義を掲げながらも他者との差別化を図り、他との境界を作り出し、他者を排除・差別します。移民コミュニティが制度化され、政治的な力を得たときには、容易に権力に転化しうるのです。旧来の移民はしばしば新規移民を不法な条件や法定以下の賃金で働かせ、またあるエスニック集団が他のエスニック集団を差別し、搾取したりもします。差別と偏見の構造のなかで、コミュニティは政治や経済の体制のなかに組み込まれ、ナショナルな装置の再編に加担していくのです。対照的にみえる二つのコミュニティが国家のなかに組み込まれるにしたがって、弱者が強者へと転換していくのです。

ナショナルな装置の再編としてのコミュニティの役割はアメリカだけの問題ではありません。グローバリゼーションという得体のしれない怪物に不安や恐怖を感じる人々が世界的な規模で増えてきています。グローバリゼーションとして想起されているのは、効率性の名のもとに不安定な職種が増加し、市場原理の冷徹な論理によって職や財産を奪われる時代であり、数値化された指標にしたがって管理される社会です。グローバルな資本の展開は先進国に留まるものではなく、発展途上国と呼ばれてきた国々の生存を維持してきた経済をも破壊してきました。

世界中で、さまざまなかたちでナショナリズムが高揚し、コミュニティなるものへの期待が高まっています。表面上は矛盾するはずのネオリベラリズムとナショナリズムあるいは新保守主義との共振は、グローバル資本がナショナリズムをてこととしてグローバル空間を拡げる姿です。つまり、コミュニティ願望とグローバリゼーションというのは対立的なものではなく、グローバリゼーションがコミュニティ願望を昂進《こうしん》させ、そうしたコミュニティ願望をナショナルなかたちで回収することによって、ふたたびグローバリゼーションの推進力にしていくような関係性にあるのです。ナショナリズムへの期待、そして安易なコミュニティ復権への願望は、グローバルな統治や支配がナショナルな機構に浸透する手段であり、グローバリゼーションはナショナルな枠をやすやすと越えてきたのでした。

新たなコミュニティは可能か

では、グローバリゼーションとコミュニティ願望との共振を断ち切るにはどうすればよいのでしょうか。まず考えておくべきは、そもそも願望されるようなコミュニティは存在するものではなく、近代という時代に再創造されたものであり、いまでは権力の末端にがっちりと組み込まれているという事実から出発することです。

コミュニティは、新しい公共性を創り出す可能性をもつでしょうが、それを創り上げるのは、国家からの自立性を持つ地域的あるいは地方的な自治的な組織であり集団であり、そして個人です。

コミュニティなるものは人々のアイデンティティの最後の砦であり、拠りどころとなってきました。コミュニティの崩壊こそがアイデンティティを生み出したとも言われます。しかし、自らのアイデンティティの拠りどころとしてコミュニティを希求する人々がいる一方で、その重荷に耐えかねて逃げ出す人々もいます。かつて農村から都市への移住は、必ずしも経済的な理由からだけではなく、また便利さだけでもなく、むしろ息詰まる窮屈さからの遁走でもあったのです。

さらにいまでは、想像の共同体（コミュニティ）である国家から逃走する人々も増えています。また、企業が税負担を極小に抑えるためにタックスヘイブンを利用するように、高い福祉負担や租税からまぬがれて、海外へと生活拠点を移す富裕層も多いといわれています。ここで見えてくるのは、コミュニティなるものから逃れることができる人とできない人との分化なのかもしれません。

新たなコミュニティのあり方としてNPOやNGOが挙げられます。これらの組織が権力の監視機能を果たし、従来の行政機構にとって代わる可能性については多くのことが語られてきました（吉原直樹『震災復興の地域社会学』）。そのこと自体は十分に評価されるべきでしょうし、確かにこうしたコミュニティは、一方では生存を維持する最後の砦として、さらには権力への介入として、行政と人々とを媒介しうる機能を果たしうるものです。ですが、他方でそれは行政機能が切り捨てようとした領域へと介入するものであるがゆえに、かえって効率的な安上がりの行政を生み出し、結果的に民営化や規制緩和といったネオリベラルな政策手段と補完的な関係を切り結んでしまうことにもなりうるのです。

社会という語と同じように、コミュニティという語のなかには、国家権力の暴走をチェックする機能が期待されてきました。国家に依存しないで、個々人が自己責任において自立的な判断で行うというのは、ネオリベラリズムの肯定にもなりえます。これまでもコミユニティは、国家によって横領されてきたのであり、いまもその危惧はつねにつきまとっています。

ナショナルな物語はわかりやすく、人々に受け入れられやすいものです。それはしばしば自然や安らぎを覚える人間関係と結びつけられています。わかりやすさ、物語の単純さが受け入れられる時代に、コミュニティ願望は、失われたものへの郷愁と時代への迎合を反映していきます。新しいコミュニティのかたちを求めるならば、そのあやうさとの緊張関係に耐えなければならないのです。

終章　人の移動をどう考えるか

†国際労働力移動との出会い

新型コロナウィルス感染症の世界的な流行（パンデミック）によって、二〇二〇年から世界各地において人々の移動が制限されるようになってきました。国境だけでなく、さまざまなレベルの行政区においても境界が引かれ、中国などではアパートメント単位で移動を禁止されるような事態も生じました。近代というのは移動の自由を掲げた時代でしたが、いまや国家が主体となって移動の制限を行っています。

膨大な人の移動が世界の政治や経済、そして文化や社会といったさまざまな活動を支えているのだという単純な事実が、これほど明白に現れてきたことはなかったでしょう。世界経済では、ヒトの移動に対する制限がモノの移動までも制限し、「サプライ・チェーン

（供給連鎖）」を分断し、国内産業だけでなく、国際貿易も大きく停滞しています。

国境を越える労働力の移動が世界経済の拡大を支えてきたという基本的事実にもかかわらず、世界経済を対象としてきた国際経済学において、労働力の国際移動への関心は欠落してきました。東京大学の森田桐郎さん（一九三二―九六年）から国際労働力移動の共同研究の誘いを受けたのは、一九八〇年代初めごろのことでした（同研究の成果は、『国際労働力移動』として出版）。移民をはじめとする国境を越える人の移動は、当時すでにイギリスなどのヨーロッパ諸国では、大きな政治問題となっていました。しかし日本で議論が始まるのは、その後のいわゆる外国人労働者をめぐる「開国／鎖国」論争の後のことです。

とはいえ、一九八〇年代後半から九〇年代初めにかけての華々しい論争も、日本における他の論争と同じく深まることはなく、外国人労働者受け入れの技能枠、外国人の受け入れ拡大策、日本国籍の取得などに関して進展はありませんでした。むしろ日本の外国人労働者の状況に関心をもったのは海外の研究者でした。なぜ日本には高度成長期に外国からの労働力の流入がなかったのか、特にこの時期にはすでに欧米諸国では家事労働を担う女性移民が増加していたのに、なぜ女性の社会進出が進みつつあった日本で女性家事労働者の移民が増えないのか、日本の家父長制が問題ではないかといったことや、さらには女性が働くことの税制上の問題や家族制度まで、国際会議において幅広く問題とされてきました。日本における「外国人労働者問題」はグローバルなテーマとしてスタートしたのです。

こうしたさまざまな課題を背負い、グローバリゼーションといわれる時代の社会科学のあり方に関心を持ちつつも、その後、国境を越える人の移動が、生涯にわたる研究テーマになるとはそのときは考えていませんでした。人の移動から経済や政治、社会を捉え返すという問題はとてつもない拡がりをもち、内外の多くの人たちとのプロジェクトや国際会議をもつことになりました。

†世界経済の構造から考える

現在のように人の移動という人間社会にとってもっとも基本的な営みが制約されているパンデミックの状況で、改めて人の移動とは何であるのか、そのことが社会や国家をどのように創り上げ、変えてきたのかといったことを、いま一度考えてみたいと思います。こうした課題は言うまでもなく、移民研究や外国人労働者に関わる研究といった分野のみならず、哲学や思想などを含めた人文科学、さらには自然科学などとも関わる分野であり、本文中でも強調したように、近代的な知の組み替えをも要求する課題でしょう。

もともと人の移動とはそれ自体が独立したテーマではなく、政治や経済、そして社会や文化の変化と深く関わるものです。私が当初、人の移動に関心を持ったのも、Ａ・ポルテスの研究が世界システム論のなかで人の移動を展開しようとしたからであり、S・サッセンが、多国籍企業の世界的な展開との関わりから労働力移動を論じたからでした。すなわち国境を超える人の移動は、世界の政治や経済の変化と深く関わってきたのです。

労働力移動というテーマに関しては、広く古典派のなかでのプッシュ/プル論が展開されてきました。それは基本的には価格論の延長であり、労働力需要としての労働力不足と、労働力供給としての労働力過剰との均衡として展開されます。そうした国際労働力移動の議論を大きく展開したのは、B・トーマスの大西洋経済に関わる研究でした。イギリスとアメリカの景気変動と移民の増減との関わりを詳細なデータで実証した研究は、国民経済という枠を越える研究の必要性を明らかにするものでした。そのトーマスの仕事を、現代世界の移民の時代にまで展開しようとしたのがポルテスであり、サッセンでした。

しかしながら、その後の移民や外国人労働者に関わるポルテスの研究は、移民の受け入れに関わる政策研究、そしてエスニシティや差別についての研究などへと傾斜していきます。もちろん、移民政策や理念に関わる研究が重要でないと言っているわけではありませんが、こうした研究は移民研究ではなく移民政策研究であり、その研究対象は移民ではなくそれを受け入れる社会であり国家なのです。

それでは、移民を学ぶにはどうすればよいでしょうか。私としては、世界経済や政治の構造を考えることがその起点になるのではないかと考えています。

人の移動が世界の政治や経済の構造変化と強く結びついているならば、まずはそうしたなかで人の移動を位置づけることから始めなければなりません。ポルテスが世界システム論を持ち出したのはそうした一歩でしょう。ただ、残念ながら彼自身の移民に関わる研究からは、世界経済や政治の構造転換、文化や社会の変容などへの関心が希薄になっていったように思います。

むしろ世界経済の構造との関わりから人の移動を論じてきたのはサッセンです。彼女は、資本の移動としての多国籍企業の世界展開と労働力の移動とを見事に関連づけて現代の移民を論じてみせました。通常、労働力の移動と資本の移動（企業）は別の研究テーマであり、この二つは二者択一です。つまり、資本が低賃金の地域に移動するか、あるいは低賃金労働者が資本の場所に移動するかのいずれかだとされていました。しかし彼女は、多国籍企業の進出こそが進出先の社会に大きな影響を及ぼし、多くの労働移動者を生み出すと指摘したのです。実際、アメリカ政府はメキシコからの移民を減少させるために、アメリカ企業のメキシコ投資に積極的に介入したものの、むしろメキシコ移民は増加する結果になりました。同じことが他の途上国への開発政策でも繰り返されたのです。

このような移民や難民をめぐるそのときどきの世界政治や経済の構造こそ、人の移動の流れを考える出発点だといってよいでしょう。

†残された課題

人の移動とはきわめて多面的なものであり、残された課題が多くあります。そのなかのいくつかを指摘しておきたいと思います。

第一は、「移動から場所を問う」ということの含意です。これまで見てきたように、移動は、定住という正常な状態、本来あるべき状況からの逸脱であり、ある正常な状態から別の正常な状態への移動だと捉えられてきました。言い換えれば、移動した人たちが「戻るべき場所」あるいは「本来いるべき場所」というのが暗黙のうちに想定されていたということです。本書の課題の一つは、こうした暗黙の前提を問いなおすことにありました。

そうした際に、人の移動をどのような言葉で表現できるのか、という課題に直面することになります。「移民」をはじめとして移動を表すこれまでの言葉の多くは、明らかに正常な状態である「国民」という語を前提としたものです。国民国家、そして故郷あるいは戻るべき場が流動化した時代に、そうしたことを前提としない人の移動を表す言葉をどのように見いだすことができるでしょうか。そのためにも、既存の学問領域を越えるような共同作業が必要なのです。

第二には、「移民研究」といわれてきた研究分野を再考することであり、さらにその延長に「移動とは何か」という問いを立てることです。移民研究は、かつての植民地からの大規模な移民労働者の移動に対する政策的な対応として、欧米諸国で制度化されてきました。そして、日本における移民研究なるものは、他の多くの社会科学と同様に、欧米諸国の経験から生まれたモデルの輸入学問として開始されました。

人の移動に政策的にどのように対応するのかということが移民研究の中核にあったのであれば、それが政策学として展開されてきたのは当然のことです。本書は、移民研究が政策学であることによって移動そのものを扱いえなかったこと、そして現代の移民送り出し地域の多くがかつての植民地であり、現代の移動がまさにポストコロニアルな課題として立ち現れていることを指摘してきました。

関連して、第三に日本における人の移動をポストコロニアルな課題として取り上げた場合、新たな視点はどのように生まれるでしょうか。日本では、戦前における植民と戦後の外国人労働者とが、政策上も学問的にも断絶してきました。戦前・戦時期におけるマイノリティを含めた国民化と植民地の人びとの動員も、戦後における「帰国事業」や「引き揚げ」も、移民研究や難民研究から取り上げられることはありませんでした。周辺アジア諸国からの移民が外国人労働者研究へと転換したことによって、戦時期ならびに戦後占領期の人の移動が移民研究の対象からは除外されてきたのです。日本においては移民研究と移民史研究とが断絶してきたと言ってもよいでしょう（この時期の人の移動に関しては、植民史や移民史研究として、近年多くの研究成果が出されてきています）。

本書では、いまという時代を考える出発点として、主として戦後期を対象とし、その「引き揚げ」や「帰国事業」と言われるものの現代的な意味にも焦点を当てたつもりです。それは植民地主義の時代の人の移動と外国人労働者として取り上げられる現代における移動とを連接し、植民論と移民研究あるいは外国人労働者論との断絶を埋める作業です。それは移動を逸脱と捉えてきた近代的な知のあり方を問いなおすことにもつながるでしょう。

最後に指摘しておきたいのは、移動から場所を問うというテーマがきわめて現代的な課題だということです。インド出身の批評家ホミ・バーバは、ポストコロニアルな課題の一つとして、現代の南から北への大規模な人の移動に関心を寄せています。植民地独立後の国家形成が、あたかも資本主義の原始的蓄積を想起させるような暴力的過程として現れており、それがかつての宗主国への大量の人の移動を生み出していると彼は指摘します。ここには、一九世紀の国民国家形成にみられたような、政治領土と国民経済の一致や国民文化の立ち上げの物語はありません。ですがそこから、境界線に位置しつつも、すでにある学問分野を越える概念としての人の移動が生まれるのです。彼は次のように述べます。

今日の国際化社会を人の動きから眺めてみれば、そこに見えてくるのは、植民地独立後の移住の歴史であり、文化的にも政治的にも国外離散を余儀無くされた人々の物語であり、農民や先住民の共同体が大規模に排除されていく社会状況であり、亡命の詩学、政治的経済的難民の暗い散文である。境界がそこから何かが現存を始める場所となるのは、この意味においてである（『文化の場所』）。

これまで人の移動に関心を持ってきた学問分野も変化しつつあります。それはむしろ移民研究といわれる分野の外部から始まっており、本書もそうした新しい挑戦の一つでありたいと願っています。その際に直面するのは、原発事故の災禍によって「故郷」を失った状況をどのように考えるのか、という問いとの関わりでしょう。原発事故というとてつもない災禍に見舞われ、国家によって強制的に住んでいる土地を奪われ、キャンプを想起させる生活を余儀なくされている人々は、いまでも一六万人に達します。避難を余儀なくされた村のなかには、戦後の「引き揚げ」によって新しく開拓された地域も含まれています。あるいは地震後の大津波で多くの命を奪われ、すべてが一瞬のうちに破壊しつくされた町を考えることもできるでしょう。あの惨劇は、戦後の焼け跡を思い起こさせるものだった、と多くの人たちが語っています。そしてあの3・11を契機として、戦時の、占領期の移動を語り始めた人たちもいます。

「移動から場所を問う」というテーマは、あまりに大きく、また既存の社会科学や人文科学の枠を越えるものであり、本来ならば取り上げるべき多くのテーマが欠落していることは承知しています。近代は〈故郷〉を創り出したものの、高度成長の過程で〈故郷の喪失〉を経験し、いま〈故郷の再生〉が国家によって声高に叫ばれています。しかし、その再生は当然あるべきものと考えられてきた〈居場所〉へのノスタルジーでしかありません。

では、〈居場所の喪失〉をどのように表現すればよいのでしょうか。社会科学はこれをどのように把握できるのでしょうか。人の移動に関わる言説は国境と同じように、ナショナルな装置を支え、ときにはナショナリズムを煽動する装置として働いてきました。そして、社会科学はときにその共犯者となってきました。もし本書が国民国家の物語から人々を解き放つ方向を少しでも示唆することができたならば、当初に企図した役割を果たすことができたのではないかと思います。

あとがき

五年前に人生で初めての大病に見舞われながらも、この数年の医学の著しい発展によって、なんとか生き長らえて、書き終えることができた。執筆過程では、筑摩書房の田所君には、編集者の域を超えた最初の読者として、大変お世話になった。彼は一橋大学大学院社会学研究科の私のゼミ出身者であり、厳しい状況に置かれていた出版という仕事に情熱を抱き続けて編集者の道を選んだ。私もこれまで何人もの優れた編集者に支えられてきたが、田所君もこれからも活字媒体という仕事を支え続けてくれることを祈っている。

また本書の出版に当たり大きな励ましとなったのは、皮肉にもパンデミックという状況がもたらしたZoomでの対話の場であった。大病は、人の思想や人生観をも変えてしまう。そうした不安定な状況にもかかわらず、私の病気を励ますために、多くの方々から声をかけていただいた。「移動と場所」において、社会科学を越えた諸領域へと接点を拡げていただいた移動プロジェクトの方々、移民研究という幅広い研究を社会学という領域のなかで詳細に論じることを可能にしてくださった研究グループのみなさん、幅広い議論で絶えず刺激を与えてくれた若手研究者の方たちには、感謝の言葉もない。さらに、Zoomでは、ゼミの出身者や大学の旧友の人たちからの励ましをいただいた。治療の副作用で低下してきた思考力を少し活性化できたのは、そのおかげだと思っている。

そして最後に、なによりも私を支えてくれた妻ならびに娘たちには、どのように感謝の言葉を伝えてよいかわかりません。なんとか本書が形を整えられたのは、研究者というわがままな仕事を温かく見守ってくれた家族が支えてくれたからです。

伊豫谷登士翁

ナル社，1973年.
Urry, J., *The Tourist Gaze: Leisure and Travel in Contemporary Societies.* London: Sage, 1990.〔ジョン・アーリ『観光のまなざし――現代社会におけるレジャーと旅行』加太宏邦訳，法政大学出版局，1995年〕
Urry, J., *Global Complexity.* Cambridge: Polity, 2003.〔ジョン・アーリ『グローバルな複雑性』吉原直樹監訳，法政大学出版局，2014年〕
Vernon, R., *Sovereignty at Bay: The Multinational Spread of U.S. Enterprises.* New York: Basic Books, 1971.〔レイモンド・バーノン『多国籍企業の新展開――追いつめられる国家主権』霍見芳浩訳，ダイヤモンド社，1973年〕
Vogel, E. F., *Japan as Number One: Lessons for America.* Cambridge: Harvard University Press, 1979.〔エズラ・F・ヴォーゲル『ジャパン・アズ・ナンバーワン――アメリカへの教訓』広中和歌子・木本彰子訳，ＴＢＳブリタニカ，1979年〕
Wallerstein, I., *The Modern World-System,* 4 vols. New York: Academic Press, 1974-2011.〔イマニュエル・ウォーラーステイン『近代世界システム』（全４巻）川北稔訳，名古屋大学出版会，2013年〕
渡辺利夫『成長のアジア　停滞のアジア』東洋経済新報社，1985年.
Wilkins, M., *The Emergence of Multinational Enterprise: American Business Abroad from the Colonial Era to* 1914. Cambridge: Harvard University Press, 1970.〔マイラ・ウィルキンズ『多国籍企業の史的展開――植民地時代から1914年まで』江夏健一・米倉昭夫訳，ミネルヴァ書房，1970年〕
Wilkins, M., *The Maturing of Multinational Enterprise: American Business Abroad from 1914 to 1970.* Cambridge: Harvard University Press, 1974.〔マイラ・ウィルキンズ『多国籍企業の成熟　上・下』江夏健一・米倉昭夫訳，ミネルヴァ書房，1976-78年〕
山下祐介『限界集落の真実――過疎の村は消えるか？』ちくま新書，2012年.
米川正子『あやつられる難民――政府、国連、NGOのはざまで』ちくま新書，2017年.
吉原直樹『震災復興の地域社会学――大熊町の一〇年』白水社，2021年.
ズルエタ，ジョハンナ「A Place of Intersecting Movements: A Look at "Return" Migration and "Home" in the Context of the "Occupation" of Okinawa」一橋大学大学院社会学研究科博士論文，2011年.
『なぜ今、移民問題か』（別冊『環』20）藤原書店，2014年.

1999年〕
Sassen, S., *Cities in a World Economy*, 2nd Edition. Thousand Oaks: Pine Forge Press, 2000.
Sassen, S., *The Global City: New York, London, Tokyo*. Princeton: Princeton University Press, 2001.〔サスキア・サッセン『グローバル・シティ――ニューヨーク・ロンドン・東京から世界を読む』伊豫谷登士翁監訳，ちくま学芸文庫，2018年〕
Sassen, S., *Expulsions: Brutality and Complexity in the Global Economy*. Cambridge: Harvard University Press, 2014.〔サスキア・サッセン『グローバル資本主義と〈放逐〉の論理――不可視化されゆく人々と空間』伊藤茂訳，明石書店，2017年〕
Scott, J. C., *The Moral Economy of the Peasant: Rebellion and Subsistence in Southeast Asia*. New Haven: Yale University Press, 1976.〔ジェームス・C・スコット『モーラル・エコノミー――東南アジアの農民叛乱と生存維持』高橋彰訳，勁草書房，1999年〕
Shephard, B., *The Long Road Home: The Aftermath of the Second World War*. New York: Alfred A. Knopf, 2011.〔ベン・シェファード『遠すぎた家路――戦後ヨーロッパの難民たち』忠平美幸訳，河出書房新社，2015年〕
Strange, S., *The Retreat of the State: The Diffusion of Power in the World Economy*. Cambridge: Cambridge University Press, 1996.〔スーザン・ストレンジ『国家の退場――グローバル経済の新しい主役たち』櫻井公人訳，岩波書店，1998年〕
杉原薫・玉井金五編『大正・大阪・スラム――もうひとつの日本近代史［増補版］』新評論，1996年.
杉原達『越境する民――近代大阪の朝鮮人史研究』新幹社，1998年.
隅谷三喜男『日本の労働問題』東京大学出版会，1967年.
高野麻子『指紋と近代――移動する身体の管理と統治の技法』みすず書房，2016年.
Thomas, B. (ed.), *Economics of International Migration*. Basingstoke: Palgrave MacMillan, 1958.
Torpey, J. C., *The Invention of the Passport: Surveillance, Citizenship and the State*. Cambridge: Cambridge University Press, 2000.〔ジョン・C・トーピー『パスポートの発明――監視・シティズンシップ・国家』藤川隆男監訳，法政大学出版局，2008年〕
上野英信『出ニッポン記』社会思想社，現代教養文庫，1995年.
国際連合事務局・外務省国際連合局『多国籍企業と国際開発――国際企業活動の行動基準を求めて（国連事務局報告）』武部昇ほか訳，国際ジャーモンズ，2016年.
並木正吉「戦後における農業人口の補充問題」『農業綜合研究』第12巻第1号，1958年.
成田龍一『「故郷」という物語――都市空間の歴史学』吉川弘文館，1998年.
Ngai, Mae M., *Impossible Subjects: Illegal Aliens and the Making of Modern America*. Princeton: Princeton University Press, 2004.
大河内一男「賃労働における封建的なるもの」『経済学論集』第19巻第4号，1950年.
Ong, Aihwa, *Flexible Citizenship: The Cultural Logics of Transnationality*. Durham: Duke University Press, 1999.
Parreñas, R. S., *Servants of Globalization: Women, Migration, and Domestic Work*. Stanford: Stanford University Press, 2001.
Portes, A. & Walton, J., *Labor, Class, and the International System*. New York: Academic Press, 1981.
Putnam, R. D., *Bowling Alone: The Collapse and Revival of American Community*. New York: Simon & Schuster, 2000.〔ロバート・D・パットナム『孤独なボウリング――米国コミュニティの崩壊と再生』柴内康文訳，柏書房，2006年〕
Radice, H. (ed.), *International Firms and Modern Imperialism*. Harmondsworth: Penguin, 1975.
Reich, R. B., *The Future of Success: Working and Living in the New Economy*. New York: Alfred A. Knopf, 2000.〔ロバート・B・ライシュ『勝者の代償――ニューエコノミーの深淵と未来』清家篤訳，東洋経済新報社，2002年〕
Robertson, R., *Globalization: Social Theory and Global Culture*. London: Sage, 1992.〔R・ロバートソン『グローバリゼーション――地球文化の社会理論』阿部美哉訳，東京大学出版会，1997年〕
Ross, R. J. S. & Trachte, K. C., *Global Capitalism*. Albany: State University of New York Press, 1990.
Sanderson, S. E. (ed.), *The Americas in the New International Division of Labor*. New York: Holmes & Meier, 1985.
Sassen, S., *The Mobility of Labor and Capital: A Study in International Investment and Labor Flow*. Cambridge: Cambridge University Press, 1988.〔サスキア・サッセン『労働と資本の国際移動――世界都市と移民労働者』森田桐郎ほか訳，岩波書店，1992年〕
Sassen, S., *Losing Control?: Sovereignty in an Age of Globalization*. New York: Columbia University Press, 1996.〔サスキア・サッセン『グローバリゼーションの時代――国家主権のゆくえ』伊豫谷登士翁訳，平凡社選書，

伊豫谷登士翁『グローバリゼーションと移民』有信堂高文社，2001年.
伊豫谷登士翁『グローバリゼーションとは何か——液状化する世界を読み解く』平凡社新書，2002年.
伊豫谷登士翁編『移動から場所を問う——現代移民研究の課題』有信堂高文社，2007年.
伊豫谷登士翁ほか編『グローバリゼーションのなかのアジア——カルチュラル・スタディーズの現在』未來社，1998年.
伊豫谷登士翁・齋藤純一・吉原直樹『コミュニティを再考する』平凡社新書，2013年.
伊豫谷登士翁・平田由美編『「帰郷」の物語／「移動」の語り——戦後日本におけるポストコロニアルの想像力』平凡社，2014年.
Lash, S. & Urry, J., *Economies of signs and space*. London: Sage, 1994.〔スコット・ラッシュ，ジョン・アーリ『フローと再帰性の社会学——記号と空間の経済』安達智史監訳，晃洋書房，2018年〕
Lefebvre, H., *La production de l'espace*. Paris: Anthropos, 1974.〔アンリ・ルフェーヴル『空間の生産』斎藤日出治訳，青木書店，2000年〕
Lyon, D., *Surveillance Society: Monitoring Everyday Life*. Buckingham: Open University Press, 2001.〔デイヴィッド・ライアン『監視社会』河村一郎訳，青土社，2002年〕
町村敬志「グローバリゼーションと都市空間の再編——複数化していく経路への視点」，似田貝香門ほか編著『越境する都市とガバナンス』法政大学出版局，2006年.
Meillassoux, C., *Femmes, greniers et capitaux*. Paris: Ed. Maspero, 1975.〔C・メイヤスー『家族制共同体の理論——経済人類学の課題』川田順造・原口武彦訳，筑摩書房，1977年〕
Mies, M., *Patriarchy and Accumulation on a World Scale: Women in the International Division of Labour*. London: Zed Books, 1986.〔マリア・ミース『国際分業と女性——進行する主婦化』奥田暁子訳，日本経済評論社，1997年〕
Miles, R. & Brown, M., *Racism*, 2nd edition. London: Routledge, 2003.
美馬達哉『感染症社会——アフターコロナの生政治』人文書院，2020年.
モンジア，ラディカ「奴隷制廃止と「自由」移民——移民研究における史実性とヨーロッパ中心性について」，伊豫谷登士翁編『移動から場所を問う——現代移民研究の課題』有信堂高文社，2007年
森田桐郎編『国際労働力移動』東京大学出版会，1987年.
モーリス＝スズキ，テッサ『批判的想像力のために——グローバル化時代の日本』平凡社ライブラリー，2013年.
村井吉典ほか編著『海境を越える人々——真珠とナマコとアラフラ海』コ

Helleiner, G. K., *Intra-Firm Trade and the Developing Countries*. New York: St. Martin's Press, 1981.〔G・K・ヘライナー『多国籍企業と企業内貿易』関下稔・中村雅秀訳，ミネルヴァ書房，1982年〕

Henderson, J. & Castells, M. (eds.), *Global Restructuring and Territorial Development*. London: Sage, 1987.

ひろたまさき『差別の視線――近代日本の意識構造』吉川弘文館，1998年.

Hobsbawm, E., *The Age of Extremes: The Short Twentieth Century, 1914-1991*. London: Michael Joseph, 1994.〔エリック・ホブズボーム『20世紀の歴史――両極端の時代　上・下』大井由紀訳，ちくま学芸文庫，2018年〕

Hobsbawm, E. & Ranger, T. (eds.), *The Invention of Tradition*. Cambridge: Cambridge University Press, 1983.〔エリック・ホブズボウム，テレンス・レンジャー編『創られた伝統』前川啓治ほか訳，紀伊國屋書店，1992年〕

洪志瑗「韓国における労働力移動の展開とベトナム戦争――民間企業の軍事参加と人の移動を中心に」一橋大学大学院社会学研究科博士論文，2006年.

Hymer, S., *The International Operations of National Firms: A Study of Direct Foreign Investment*. Cambridge: MIT Press, 1976.〔S・ハイマー『多国籍企業論』宮崎義一編訳，岩波書店，1979年〕

飯笹佐代子『シティズンシップと多文化国家――オーストラリアから読み解く』日本経済評論社，2007年.

Ishiguro, K., *Klara and the Sun*. London: Faber & Faber, 2021.〔カズオ・イシグロ『クララとお日さま』土屋政雄訳，早川書房，2021年〕

Joppke, C., *Citizenship and Immigration*. Cambridge: Polity, 2010.〔クリスチャン・ヨプケ『軽いシティズンシップ――市民、外国人、リベラリズムのゆくえ』遠藤乾ほか訳，岩波書店，2013年.

Kingsley, P., *The New Odyssey: The Story of Europe's Refugee Crisis*. New York: Liveright Publishing, 2017.〔パトリック・キングズレー『シリア難民――人類に突きつけられた21世紀最悪の難問』藤原朝子訳，ダイヤモンド社，2016年〕

Krastev, I., *After Europe*. Philadelphia: University of Pennsylvania Press, 2017.〔イワン・クラステフ『アフター・ヨーロッパ――ポピュリズムという妖怪にどう向きあうか』庄司克宏監訳，岩波書店，2018年〕

板木雅彦『国際過剰資本の誕生』ミネルヴァ書房，2006年.

伊豫谷登士翁「アメリカ合衆国におけるメキシコ人移民労働」，森田桐郎編『国際労働力移動』東京大学出版会，1987年.

伊豫谷登士翁『変貌する世界都市――都市と人のグローバリゼーション』有斐閣，1993年.

Cambridge University Press, 1980.
Geertz, C., *Agricultural Involution: The Processes of Ecological Change in Indonesia*. Berkeley: University of California Press, 1963.〔クリフォード・ギアーツ『インボリューション――内に向かう発展』池本幸生訳，ＮＴＴ出版，2001年〕
George, S., *How the Other Half Dies: The Real Reasons for World Hunger*. Harmondsworth: Penguin Books, 1976.〔スーザン・ジョージ『なぜ世界の半分が飢えるのか――食糧危機の構造』小南祐一郎・谷口真里子訳，朝日選書，1984年〕
Gill, S., *American Hegemony and the Trilateral Commission*. Cambridge: Cambridge University Press, 1990.〔スティーヴン・ギル『地球政治の再構築――日米欧関係と世界秩序』遠藤誠治訳，朝日選書，1996年〕
Gilpin, R., *U.S. Power and the Multinational Corporation: The Political Economy of Foreign Direct Investment*. New York: Basic Books, 1975.
グラック，キャロル『歴史で考える』梅崎透訳，岩波書店，2007年.
Grunwald, J. & Flamm, K., *The Global Factory: Foreign Assembly in International Trade*. Washington, D.C.: Brookings Institution, 1985.
Hage, G., *White Nation: Fantasies of White Supremacy in a Multicultural Society*. New York: Routledge, 2000.〔ガッサン・ハージ『ホワイト・ネイション――ネオ・ナショナリズム批判』保苅実・塩原良和訳，平凡社，2003年〕
Hall, S. et al. (eds.), *Modernity: An Introduction to Modern Societies*. Malden: Blackwell, 1996.
Hardt, M. & Negri A., *Empire*. Cambridge: Harvard University Press, 2000.〔アントニオ・ネグリ，マイケル・ハート『〈帝国〉――グローバル化の世界秩序とマルチチュードの可能性』水嶋一憲ほか訳，以文社，2003年〕
Harrison, B. & Bluestone B., *The Great U-Turn: Corporate Restructuring and the Polarizing of America*. New York: Basic Books, 1988.
Harvey, D., *The Condition of Postmodernity: An Enquiry into the Origins of Cultural Change*. Oxford: Blackwell, 1989.〔デヴィッド・ハーヴェイ『ポストモダニティの条件』吉原直樹監訳，青木書店，1999年〕
Harvey, D., *A Brief History of Neoliberalism*. Oxford: Oxford University Press, 2005.〔デヴィッド・ハーヴェイ『新自由主義――その歴史的展開と現在』渡辺治監訳，作品社，2007年〕
Harvey, D., *The Enigma of Capital: and the Crises of Capitalism*. Oxford: Oxford University Press, 2010.〔デヴィッド・ハーヴェイ『資本の〈謎〉――世界金融恐慌と21世紀資本主義』森田成也ほか訳，作品社，2012年〕

Bauman, Z., *Community: Seeking Safety in an Insecure World*. Cambridge: Polity, 2001.〔ジグムント・バウマン『コミュニティ』奥井智之訳，ちくま学芸文庫，2017年〕

Beck, U., *Risikogesellschaft: Auf dem Weg in eine andere Moderne*. Frankfurt am Main: Suhrkamp, 1986.〔ウルリヒ・ベック『危険社会――新しい近代への道』東廉・伊藤美登里訳，法政大学出版局，1998年〕

Briggs, V., *Immigration Policy and the American Labor Force*. Baltimore: Johns Hopkins University Press, 1984.

Brubaker, R., *Citizenship and Nationhood in France and Germany*. Cambridge: Harvard University Press, 1992.〔ロジャース・ブルーベイカー『フランスとドイツの国籍とネーション』佐藤成基・佐々木てる監訳，明石書店，2005年〕

ブルーベイカー，ロジャース『グローバル化する世界と「帰属の政治」――移民、シティズンシップ、国民国家』佐藤成基ほか編訳，明石書店，2016年.

Castles, S. & Miller, M. J., *The Age of Migration: International Population Movements in the Modern World*, 4th Edition. New York: Guilford Press, 2009.〔S・カースルズ，M・J・ミラー『国際移民の時代［第4版］』関根政美・関根薫監訳，名古屋大学出版会，2011年〕

Chakrabarty, D., *Provincializing Europe: Postcolonial Thought and Historical Difference*. Princeton: Princeton University Press, 2000.

Clifford, J., *Routes: Travel and Translation in the Late Twentieth Century*. Cambridge: Harvard University Press, 1997.〔ジェイムズ・クリフォード『ルーツ――20世紀後期の旅と翻訳』毛利嘉孝ほか訳，月曜社，2002年〕

Cox, R. W., *Production, Power and World Order: Social Forces in the Making of History*. New York: Columbia University Press, 1987.

Cutler, A. C., *Private Power and Global Authority: Transnational Merchant Law in the Global Political Economy*. Cambridge: Cambridge University Press, 2003.

Delanty, G., *Community*. London: Routledge, 2003.〔ジェラード・デランティ『コミュニティ――グローバル化と社会理論の変容』山之内靖・伊藤茂訳，ＮＴＴ出版，2006年〕

方方『武漢日記――封鎖下60日の魂の記録』飯塚容・渡辺新一訳，河出書房新社，2020年.

Friedmann, J., "The World City Hypothesis," *Development and Change* 17-1, 1986.〔ジョン・フリードマン「世界都市仮説」(町村敬志訳)，町村敬志編『都市の政治経済学』日本評論社，2012年〕

Fröbel, F. et al., *The New International Division of Labour*. Cambridge:

参考文献

Anderson, B., *Imagined Communities: Reflections on the Origin and Spread of Nationalism*. London: Verso, 2006.〔ベネディクト・アンダーソン『定本 想像の共同体——ナショナリズムの起源と流行』白石隆・白石さや訳，書籍工房早山，2007年〕

アング，イエン「オーストラリアの「アジア的」将来に立ち向かって——グローバリゼーションと国民的恐怖の政治」，伊豫谷登士翁ほか編『グローバリゼーションのなかのアジア——カルチュラル・スタディーズの現在』未來社，1998年．

Ang, Ien, *On Not Speaking Chinese: Living between Asia and the West*. London: Routledge, 2001.

Appadurai, A., *Modernity at Large: Cultural Dimensions of Globalization*. Minneapolis: University of Minnesota Press, 1996.〔アルジュン・アパデュライ『さまよえる近代——グローバル化の文化研究』門田健一訳，平凡社，2004年〕

Appelbaum, R. P. & Robinson, W. I. (eds.), *Critical Globalization Studies*. New York: Routledge, 2005.

Armstrong, W. & McGee, T. G., *Theatres of Accumulation: Studies in Asian and Latin American Urbanization*. London: Methuen, 1985.

Barnet, R. & Muller, R. E., *Global Reach: The Power of the Multinational Corporation*. New York: Simon and Schuster, 1974.〔リチャード・J・バーネット，ロナルド・E・ミュラー『地球企業の脅威』石川博友ほか訳，ダイヤモンド-タイム社，1975年〕

Barnet, R. & Cavanagh, J., *Global Dreams: Imperial Corporations and the New World Order*. New York: Simon & Schuster, 1994.

Bartlett, J., *The People Vs Tech: How the Internet Is Killing Democracy (and How We Save it)*. London: Ebury Press, 2018.〔ジェイミー・バートレット『操られる民主主義——デジタル・テクノロジーはいかにして社会を破壊するか』秋山勝訳，草思社文庫，2020年〕

Bauman, Z., *Globalization: The Human Consequences*. New York: Columbia University Press, 1998.〔ジグムント・バウマン『グローバリゼーション——人間への影響』澤田眞治・中井愛子訳，法政大学出版局，2010年〕

Bauman, Z., *Liquid Modernity*. Cambridge: Polity, 2000.〔ジークムント・バウマン『リキッド・モダニティ——液状化する社会』森田典正訳，大月書店，2001年〕

ちくま新書
1622

グローバリゼーション
――移動《いどう》から現代《げんだい》を読《よ》みとく

二〇二一年一二月一〇日 第一刷発行

著者 伊豫谷登士翁（いよたに・としお）
発行者 喜入冬子
発行所 株式会社 筑摩書房
東京都台東区蔵前二-五-三 郵便番号一一一-八七五五
電話番号〇三-五六八七-二六〇一（代表）
装幀者 間村俊一
印刷・製本 三松堂印刷 株式会社

ISBN978-4-480-07448-5 C0236